中說

〔隋〕王通 撰
〔宋〕阮逸 注

齊魯書社
·濟南·

圖書在版編目（CIP）數據

中説 / (隋) 王通撰 ; (宋) 阮逸注. -- 濟南 : 齊魯書社, 2024. 9. -- (《儒典》精粹). -- ISBN 978-7-5333-4931-8

Ⅰ. B241.12

中國國家版本館CIP數據核字第2024SA7518號

責任編輯　張　超
裝幀設計　亓旭欣

中説

ZHONG SHUO

〔隋〕王通　撰　〔宋〕阮逸　注

主管單位	山東出版傳媒股份有限公司
出版發行	齊魯書社
社　　址	濟南市市中區舜耕路517號
郵　　編	250003
網　　址	www.qlss.com.cn
電子郵箱	qilupress@126.com
營銷中心	（0531）82098521　82098519　82098517
印　　刷	山東臨沂新華印刷物流集團有限責任公司
開　　本	880mm × 1230mm　1/32
印　　張	3.75
插　　頁	2
版　　次	2024年9月第1版
印　　次	2024年9月第1次印刷
標準書號	ISBN 978-7-5333-4931-8
定　　價	36.00圓

#《〈儒典〉精粹》出版説明

《儒典》是對儒家經典的一次精選和萃編，集合了儒學著作的優良版本，展示了儒學發展的歷史脉絡。其中，《義理典》《志傳典》共收録六十九種元典，由齊魯書社出版。鑒於《儒典》采用套書和綫裝的形式，部頭大，價格高，不便於購買和日常使用，我們决定以《〈儒典〉精粹》爲叢書名，推出系列精裝單行本。

叢書約請古典文獻學領域的專家學者精選書目，并爲每種書撰寫解題，介紹作者生平、内容、版本流傳等情况，文簡義豐。叢書共三十三種，主要包括儒學研究的代表性專著和儒學人物的師承傳記兩大類。版本珍稀，不乏宋元善本。對於版心偏大者，適度縮小。爲便於檢索，另編排目録。不足之處，敬請讀者朋友批評指正。

齊魯書社

二〇二四年八月

《〈儒典〉精粹》書目（三十三種三十四册）

孔氏家語	荀子集解	孔叢子
春秋繁露	春秋繁露義證	鹽鐵論
新序	揚子法言	白虎通德論
潛夫論	中説	太極圖説　通書
龜山先生語録	張子語録	傳習録
張子正蒙注	先聖大訓	近思録
四存編	孔氏家儀	帝範
帝學	温公家範	文公家禮
聖門禮樂誌	東家雜記	孔氏祖庭廣記
伊洛淵源録	伊洛淵源續録	國朝漢學師承記
國朝宋學淵源記	孔子編年	孟子年表

解題

中説十卷，題隋王通撰，宋阮逸注，日本文政十年覆刻宋刻本

王通字仲淹，絳州龍門（今山西萬榮）人，生於隋文帝開皇四年（五八四），卒於隋煬帝大業十三年（六一七）。門人私謚『文中子』。隋文帝仁壽二年（六〇二），時年十九歲，被本州舉薦爲秀才，射策高第。翌年，至長安覲見隋文帝，上《太平十二策》，文帝大悦，下議於公卿，公卿不悦而不得施行，抱憾而歸。此後隱居不仕，傳道講學，屢召不起，在河汾間教授門徒千餘人，大興河汾之學。隋亡，王通歿，門人歸於唐。門人姚義、薛收仿效《論語》，將其言論整理編纂爲《中説》一書。

然《中説》一書，自北宋開始即有人疑其僞撰，如司馬光以爲此書乃王通弟王凝、子王福疇入唐後依據時事附益之書。宋洪邁認爲是宋人阮逸所撰。清《四庫全書總目》認爲《中説》爲王通子王福郊、王福疇纂述遺言，雖虚相夸飾，却實有其書。初唐不顯於世，中唐以後，漸遠無徵，其書纔得以流傳。

北宋阮逸爲《中説》作注，比宋初通行白文本多出卷十《關朗篇》後半篇、附録六種，以及阮逸序、注，成爲後來《中説》的主流傳本。

阮逸，字天隱，建寧軍建陽人。仁宗天聖五年（一〇二七）進士。歷官鎮東軍節度推官、鎮安軍節度掌書記、太子中允、太常寺丞、國子監丞、户部屯田員外郎。著有《易筌》六卷、《元經注》十五卷、《中説注》十卷、《皇祐新樂圖記》三卷、《王制井田圖》一卷等書。

日本宫内廳書陵部藏宋刻本，避宋諱匡、敬、弘、殷、恒、玄、朗、貞、徵諸字，避諱至仁宗止，然原書内多有殘闕斷爛。日本文政十年（一八二七）即據此版覆刻，殘缺之處，皆校補完全，或當日能薈萃衆本，有别本爲據乎？

李振聚

目録

文中子中說序

周公聖人之治者也後王不能舉則仲尼述之而周公之道明仲尼聖人之備者也後儒不能達則孟軻尊之而仲尼之道明文中子聖人之修者也孟軻之徒歟非諸子流矣蓋萬章公孫丑不能極師之奧盡錄其言故孟氏章句略而多闕房杜諸公不能臻師之美大宜其教故王氏續經抑而不振中說者子之門人對問之書也薛收姚義集而名之唐太宗正觀初精修治具文經武略高出近古若房杜李魏二溫王陳輩迭爲將相實永三百年之業斯門人之功過半矣正觀二年御史大夫杜淹始序中說及文中子世家未及進用爲長孫無忌所抑而淹尋卒故王氏經書散在諸孤之家代莫得聞焉二十三年太宗没子之門人盡矣惟福時兄弟（福時文中子幼子）傳授中說於仲父凝始爲十卷今世所傳本文多殘缺誤以杜淹所撰世家爲中說之序（杜正觀二年卒今世所傳本乃正觀二十三年序）又福時於仲父凝得關子明傳凝因言關氏卜筮之驗且記房魏與太宗論道之美亦非中說後序也蓋同藏

緗帙卷目相亂遂誤爲序焉逸家藏古編尤得精備亦列十篇實無
二序以意詳測文中子世家乃杜淹授與尚書陳叔達編諸隋書而
亡矣叔達依遷史撰隋書今亡關子明事具於裴晞先賢傳今亦無存故王氏諸孤
痛其將墜也因附于中說兩間且曰同志淪殂帝閽悠邈文中子之
教鬱而不行吁可悲矣此有以知杜淹見抑而續經不傳諸王自悲而
遺事必錄後人責房魏不能揚師之道亦有由焉夫道之深者固當
年不能窮功之遠者必異代而後顯方當
聖時人文復古則周孔至治大備得以隆之昔荀卿楊雄二書尚有
韓愈柳宗元刪定李軌楊倞注釋況文中子非荀楊比也豈學者不
能伸之乎是用覃研蘊奧引質同異爲之注解以翼斯文夫前聖爲
後聖之備古文乃今文之修未有離聖而異驅捐古而近習而能格
于治者也皇宋御天下尊儒尚文道大淳矣修王削霸政無雜矣抑
又跨唐之盛而使文中之徒遇焉彼韓愈氏力排異端儒之功者也
故稱孟子能拒楊墨而功不在禹下孟軻氏儒之道者也故稱顏回

謂與禹稷同道愈不稱文中子其先功而後道歟猶文中子不稱孟軻道存而功在其中矣唐末司空圖嗟功廢道衰乃明文中子聖矣五季經亂逮乎削平則柳仲塗宗之於前孫漢公廣之於後皆云聖人也然未及盛行其教噫知天之高必辯其所以高也子之道其天乎夫道則簡而功密矣門人對問如日星麗焉雖環周萬變不出乎天中今推策揆影庶易歸其端乎大哉中之為義在易為二五在春秋為權衡在書為皇極在禮為中庸謂乎無形非中也謂乎有象非中也上不蕩於虛無下不局於器用惟變所適惟義所在此中之大略也中說者如是而已李靖問聖人之道子曰無所由亦不至於彼又問彼之說曰彼道之方也必也無至乎魏徵問聖人憂疑子曰天下皆憂疑吾獨不憂疑乎退謂董常曰樂天知命吾何憂窮理盡性吾何疑舉是深趣可以類知焉或有執文昧理以模範論語為病此皮膚之見非心解也逸才微志勤易究其極中存疑闕庸俟後賢仍其舊篇分為十卷謹序

中說卷第一

王道篇　　阮逸注

文中子曰甚矣王道難行也吾家頃銅川六世矣（上黨有銅鞮縣）未嘗不篤於斯（斯文）然亦未嘗得宜其用（不遇時）退而咸有述焉則以志其道也（志記）蓋先生之述曰時變論六篇其言化俗推移之理竭矣江州府君之述曰五經決録五篇其言聖賢制述之意備矣晉陽穆公之述曰政大論八篇其言帝王之道著矣同州府君之述曰政小論八篇其言王霸之業盡矣安康獻公之述曰皇極讜義九篇其言三才之去就深矣銅川府君之述曰興衰要論七篇其言六代之得失明矣（自先生至銅川文中子世家言之備矣時變論至興衰要論今皆亡六代晉曰宋後魏北齊後周隋也）余小子獲覩成訓勤九載矣（大業元年自長安歸著六經至九年功畢）服先人之義稽仲尼之心天人之事帝王之道昭昭乎（因祖德考聖師而明）子謂董常曰吾欲修元經稽諸史論不足徵也（董常字履常弟子亞聖者元經春秋異名也義包五始故曰元經史論謂歷代史臣於紀傳後贊論之類是也）吾得皇極讜義焉（去就適中權衡襃貶）吾欲續詩考諸集記不足徵也（前賢文集所記）吾得時變論焉（化俗推移以正風雅）吾欲續書按諸載錄不足徵

也史官載言所錄吾得政大論焉王言大道其制明白董常曰夫子之得蓋其志焉非以文體子

曰然子謂薛收曰昔聖人述史三焉薛收字伯襃隋內史道衡之子昔聖謂孔子其述書也帝

王之制備矣故索焉而皆獲史有記言求言則制度得矣其述詩也興衰之由顯故

究焉而皆得史有明得失窮政化則詩明矣其述春秋也邪正之跡明故考焉而皆當

史有記事稽邪正則法當矣此三者同出於史而不可雜也故聖人分焉載言載事明得失皆史職

也職同體異故曰分文中子曰吾視遷固而下述作何其紛紛乎史記漢書而下文體相模無經制紛

紛多且亂帝王之道其暗而不明乎天人之意其否而不交乎制理者參

而不一乎陳事者亂而無緒乎四者由紛亂故子不豫屬疾聞江都有變大業十三年煬

帝幸江都宮宇文化及弒逆泫然而興曰生民厭亂久矣自漢末亂至隋天其或者將啓堯

舜之運吾不與焉命也唐太宗行堯舜之道而文中子已死文中子曰道之不勝時久矣吾

將若之何自孔子孟軻已來不勝時故曰久矣董常曰夫子自秦歸晉宅居汾陽然後三

才五常各得其所秦長安隋都也晉汾陽子鄉也三才五常謂續經薛收曰敢問續書之始於漢

何也子曰六國之弊亡秦之酷吾不忍聞也又焉取皇綱乎六國燕王喜魏王假

齊王建楚王負芻韓王安趙王嘉也亡秦始皇也秦切皇之名無綱紀之實漢之統天下也其除殘穢與民更始

而興其視聽乎（變民耳目使知有王道興）薛收曰敢問續詩之備六代何也（六代往見上）子曰其以仲尼三百始終於周乎（三百篇周一代）收曰然子曰余安敢望仲尼然至興衰之際未嘗不再三焉故具六代始終所以告也（告猶貢也貢其俗於時君）文中子曰天下無賞罰三百載矣（自晉惠帝永平元年至隋開皇十年凡三百載）元經可得不興乎（言必興）薛收曰始於晉惠何也（惠帝名衷武帝子也政由賈后天下大亂故元經起於此）子曰昔者明王在上賞罰其有差乎（言不差）元經褒貶所以代賞罰者也其以天下無主而賞罰不明乎（晉惠猶無王）薛收曰然則春秋之始周平魯隱其志亦若斯乎（周平王幽王之子王室衰微東遷居洛魯隱公惠公之平平王同時）子曰其然乎而人莫之知也（後人不知代行衰周之法謂東周始王讓國賢君非也）薛收曰今乃知天下之治聖人斯在上矣天下之亂聖人斯在下矣（周公上仲尼下）聖人達而賞罰行聖人窮而褒貶作皇極所以復建而斯文不喪也（春秋無經行禮法之皇極）不其深乎再拜而出以告董生董生曰仲尼沒而文在茲乎（前聖後聖一也）文中子曰卓哉周孔之道其神之所爲乎（孟子曰大而化之謂聖聖而不可知之謂神）順之則吉逆之則凶（神在易中）子述元經皇始之事歎焉（後魏初年）門人未達叔恬曰（王凝字叔恬子之弟也爲御史彈侯君集爲長孫無忌所惡出爲太原令王氏家書稱太原府）

君夫子之歎蓋歎命矣書云天命不于常惟歸乃有德戎狄之德黎民懷之三才其捨諸（後魏德被黎民亦天地命之也人其捨之乎）子聞之曰凝爾知命哉子在長安楊素蘇夔李德林皆請見（楊素字處道煬帝時爲司徒專朝政蘇夔字伯尼善鍾律隋樂多從夔議李德林字公輔佐命掌軍書爲儀同頗自負三人知文中子賢來請謁見）子與之言歸而有憂色門人問子子曰素與吾言終日言政而不及化（上正下曰政下從上曰化）夔與吾言終日言聲而不及雅（知音爲聲知德爲雅）德林與吾言終日言文而不及理（修詞爲文知道爲理）門人曰然則何憂子曰非爾所知也二三子皆朝之預議者也（預朝政）今言政而不及化是天下無禮也（知正人不知使人從）言聲而不及雅是天下無樂也（知文音不知和德）言文而不及理是天下無文也（知華辭不知實道）王道從何而興乎吾所以憂也（禮壞樂崩文喪天下可憂）門人退子援琴鼓蕩之什（蕩傷周室大壞之詩也天下蕩蕩無綱紀文章）門人皆霑襟焉（哀隋將亡）子曰或安而行之（聖人安仁）或利而行之（賢人利仁）或畏而行之（中人強仁）及其成功一也稽德則遠（功則同而聖賢中人之德異）賈瓊（門人未見）習書至桓榮之命（續書有桓榮之命篇榮字春卿漢光武太子傅）曰洋洋乎光明之業（光武明帝）天實監爾能不以揖讓終乎（初光武立東海王強爲太子強讓其弟陽陽立是謂明帝蓋天命授陽而使榮傅之所以終讓成美也）繁師玄（未見）將著北

齊錄以告子（李德林父子俱有北齊書王邵有北齊志師玄撮其要爲錄）子曰無苟作也（勿苟且表丈詞而已）越公以食經遺子子不受曰羮藜含糗無所用也荅之以酒誥及洪範三德（越公楊素也食經淮南王撰盧仁宗崔浩亦有之酒誥云越小大邦用喪亦罔非酒惟辜洪範三德云臣無有作福作威玉食其害于而家凶于而國時素專政故因荅食經以戒之）子曰小人不激不勵不見利不勸（勵勸皆勉也）靖君亮問辱（門人未見）子曰言不中（不中節）行不謹（不謹密）辱也（言行榮辱之主也）子曰化至九變王道其明乎（變變於道也孔子曰三年有成九成二十七年僅必世之仁矣故曰王道明）故樂至九變而淳氣洽矣（樂仁之聲也）裴晞曰何謂也（晞子之舅傳未見）子曰夫樂象成者也象成莫大於形而流於聲王化始終所可見也（象成功而形容其德一而變九而成見王化之然）故韶之成也虞氏之恩被動植矣烏鵲之巢可俯而窺也鳳皇何爲而藏乎（引古驗今）子曰封禪之費非古也（費費耗國用也三代已前無此禮齊桓公欲封大山禪梁甫管仲言七十二君須得遠方珍貢乃可封禪特設詞諫止耳非典禮所載之實）徒以夸天下其秦漢之侈心乎（始皇東巡上太山立石封祠下禪梁甫以頌秦德漢武帝用齊人公孫卿言封禪登仙遂升中嶽又上太山封土有玉牒使方士求神仙千數無驗而迴此皆夸侈以欺天下非事天致誠之本）子曰易樂者必多哀輕施者必好奪（家國皆然）子曰無赦之國其刑必平（無幸免則不深犯）多斂之國其財必削（既富後則用益耗）子曰廉者常樂無求貪者常憂不足（相反）

子曰杜如晦若逢其明王於萬民其猶天乎（杜如晦字克明唐太宗時朝政典章文物皆杜所定）董常房玄齡賈瓊問曰何謂也（擬稱天太過）子曰春生之夏長之秋成之冬斂之父得其爲父子得其爲子君得其爲君臣得其爲臣萬類咸宜百姓日用而不知者杜氏之任不謂其猶天乎（用無跡物自化天也太宗治平歲斷死罪二十餘人幾乎刑厝粟斗三文行道千里不齎糧王道盛矣非如天之効歟）吾察之久矣目光惚然心神忽然（恍惚憂皃）此其識時運者憂不逢真主以然哉（知隋運亡又未遇太宗所以恍忽憂也）叔恬曰舜一歲而巡五嶽國不費而民不勞何也（書稱四嶽此言五嶽舉成數歟）子曰無他道也兵衛少而徵求寡也（簡則用省）子曰王國之有風天子與諸侯夷乎（黍離列於國風夷等也）誰居乎（居音姬禮記曰何居）幽王之罪也（幽王惑褒姒廢申后申侯弑之周遂微）故始之以黍離於是雅道息矣（王國十篇黍離爲始）子曰五行不相沴則王者可以制禮矣（治臻皇極則五行各敘故禮行皇極也）四靈爲畜則王者可以作樂矣（仁及飛走則龜龍麟鳳在沼藪故樂形仁聲也）子遊孔子之廟（漢巳後郡國立孔子祠）出而歌曰大哉乎君君臣臣父父子子兄兄弟弟夫夫婦婦夫子之力也（春秋行法君父尊詩序人倫夫婦正）其與太極合德神道並行乎（言無窮）王孝逸曰夫子之道豈少是乎（孝逸未見夫子謂文中子也）子曰子未三復白圭乎（責言玷）

天地生我而不能鞠我父母鞠我而不能成我成我者夫子也道不晉天地父母通於夫子受罔極之恩詩云欲報之德昊天罔極言孔子生民之師大於生我鞠我者之恩吾子汩彝倫乎擬人必於其倫不可汩亂彝也孝逸再拜謝之終身不敢臧否韋鼎請見子三見而三不語恭恭若不足韋鼎未見不言謂目擊道存鼎出謂門人曰夫子得志於朝庭有不言之化不殺之嚴矣不得其言而得其志楊素謂子曰天子求善禦邊者素聞惟賢知賢敢問夫子子曰羊祜陸遜仁人也可使祜字叔子晉欲平吳以祜督荊州祜綏懷吳人吳之降者欲去則聽之遜字伯言爲吳大將軍攻晉襄陽獲生口即還之二賢皆仁素曰已死矣何可復使不悟諷己子曰今公能爲羊陸之事則可如不能廣求何益通聞邇者悅遠者來折衝樽俎可矣何必臨邊也折橫也衝直也麾兵橫直猶辯縱橫晏子用此子之家六經畢備朝服祭器不假不假借曰三綱五常自可出也正家以正天下子曰悠悠素餐者天下皆是王道從何而興乎隋多無功食祿子曰七制之主其人可以即戎矣續書有七制皆漢之賢君立文武之功業者高祖孝文孝武孝宣光武孝明孝章是也董常死子哭於寢門之外不可視猶子也哭寢則太親不可視猶朋友也哭野則太疎故折中於寢門之外拜而受弔知生者弔彼弔我失其敢故拜之裴晞問曰衞玠稱人有不及可以情恕非意相干可以理遣何如玠字叔寶善談玄理有情恕理遣之論子

曰寬矣（量寬而已）曰仁乎（寬似仁）子曰不知也（仁道至大非但寬）阮嗣宗與人談則及玄遠未嘗臧否人物何如（籍字嗣宗口不論人之過）子曰愼矣（愼言而已）曰仁乎（愼似仁）子曰不知也（仁非止愼）子曰恕哉淩敬（淩敬未見）覩人之孤猶己也（以己心爲人之心曰恕孟子曰幼吾幼以及人之幼是恕也）子曰仁者吾不得而見也得見智者斯可矣智者吾不得而見也得見義者斯可矣（仁無爲而理智達於未亂之前義制於已然之後）如不得見必也剛介乎剛者好斷介者殊俗（剛必果介自異）薛收問至德要道子曰至德其道之本乎要道其德之行乎（行成德德成道德行成身道施天下）禮不云乎至德爲道本（周禮師氏三德云）易不云乎顯道神德行（繫辭云）子曰大哉神乎所自出也（本諸身曰自出）至哉易也其知神之所爲乎（無體則無方）子曰我未見嗜義如嗜利者也（和而有宜曰義反是曰利）子登雲中之城（漢雲中郡唐延州）望龍門之關（河中有龍門縣）曰壯哉山河之固賈瓊曰既壯矣又何加焉子曰守之以道（險不可恃）降而宿于禹廟觀其碑首曰先君獻公之所作也其文典以達（文未見）子見劉孝標絕交論曰惜乎舉任公而毀也任公於是乎不可謂知人矣（劉峻字孝標性率多毀時任昉死有子東里又又衣葛裘孝標作絕交論以譏任公之友然又彰任公不知人耳）見辯命論曰人道廢矣（峻又有辯命論言管輅才高不遇乃謂窮達由天殊不由

人是不知命廢人道也）子曰：使諸葛亮而無死，禮樂其有興乎？（孔明言普天之下莫非漢民，志在天下，非蜀而已。亮未死，必可功成治定。）子讀樂毅論，曰：仁哉樂毅，善藏其用；智哉太初，善發其蘊。（夏侯玄字太初，著樂毅論，言不拔即墨及莒二城者，其志以天下為心，非兼并齊國而已。仁哉夫毅，不屠城，善藏用也。智哉美太初，能發明毅之仁也。）

子讀無鬼論，曰：未知人，焉知鬼？（阮瞻作無鬼論，謂可以難幽明，蓋不知聖人不語之言。）

中說卷第一

中說卷第二

天地篇　　　　阮逸注

子曰：圓者動，方者靜，其見天地之心乎（天圓動，地方靜，人動靜之中也。中也者，心可見矣）。子曰：智者樂其存物之所爲乎（物之所存，我從而利之，故樂）。仁者壽其忘我之爲乎（我忘厥功，物將自化，故壽）。

子曰：義也清而莊（姚義傳未見，清絜而端莊），靖也惠而斷（李靖本名藥師，其舅韓擒虎伏其善論兵，惠物而勇斷），威也和而博（竇威字文蔚，竇后從兄也，和容而博識），收也曠而肅（薛收體曠而志肅），瓊也明而毅（賈瓊通明而果毅），淹也誠而厲（杜淹字執禮，隋隱太白山，來學於子，誠慤而威厲），玄齡志而密（房喬字玄齡，隋彥謙之子也，志精而用密），徵也直而遂（魏徵字玄成，直道而遂行），大雅深而弘（溫大雅字彥弘，量深而寬弘），叔達簡而正（陳叔達字子聰，陳宣帝之幼子也，簡靜中正）。若逢其時，不減卿相，然禮樂則未備（靖、彥博皆爲僕射，威爲內史令，淹爲御史大夫，玄齡爲司空，徵爲太師，大雅、叔達皆爲尚書，是皆御相也。然各有二德而未成全才，故曰禮樂未備）。

或曰：董常何人也？子曰：其動也權（權變才也），其靜也至（至極性也），其顏氏之流乎（動之微者，其庶幾乎；靜之極者，其屢空乎）。

叔恬曰：山濤爲吏部，拔賢進善，時無知者，身歿之後，天子出其奏于朝，然後知羣才皆濤所進，如何？子曰：密矣（山濤字巨源，爲吏部典選十餘年，天下稱爲得士。然吏非吏，隱非隱，是密而已）。曰：仁乎（似忘所爲）？子曰：吾不知也。李密見子而論兵（密字

法主襲爵為公與楊立感謀亂自謂能兵子曰禮信仁義則吾論之孤虛詐力吾不與也孤虛

兵家之術李伯藥見子而論詩伯藥字重規德林子也論南朝詩子不荅伯藥退謂薛收曰吾上陳應劉下述沈謝魏應璩劉公幹梁沈約謝靈運分四聲八病四聲韻起自沈約八病未詳剛柔清濁各有端序語健為剛言婉為柔飄逸則清質實則濁音若塤篪塤土音剛而濁篪竹音柔而清周禮小師掌塤銳上平底六竅篪橫吹七孔而夫子不應我其未達歟薛收曰吾嘗聞夫子之論詩矣上明三綱下達五常風化夫婦三綱之首也吟詠情性五常之本也於是徵存亡辯得失故小人歌之以貢其俗君子賦之以見其志貢告也歌綠竹則知衞風歌板屋則知秦俗鄭六卿餞韓宣子宣子曰吾以知鄭志聖人采之以觀其變設采詩官今子營營馳騁乎末流齊梁文弊之末也是夫子之所痛也不荅則有由矣子曰學者博誦云乎哉必也貫乎道文者苟作云乎哉必也濟乎義學文本為道義內史薛公見子於長安退謂子收曰河圖洛書盡在是矣汝往事之無失也薛道衡時為內史侍郎知文中子聖人謂八卦九疇盡則之矣子曰士有靡衣鮮食而樂道者吾未之見也奢侈德子謂魏徵曰汝與凝皆天之直人也徵也遂凝也挺遂果行也挺謂挺特若並行於時有用捨焉遂行挺執子謂李靖曰凝也若容於時則王法不撓矣不撓曲李靖問任

智如何子曰仁以爲已任小人任智而背仁爲賊盜亦有道君子任智而背
仁爲亂攻異端害也 薛收問仲長子光何人也子光字不耀遊于河東人問者書老易二字爲對王績有仲長先生
傳子曰天人也收曰何謂天人子曰眇然小乎所以屬於人曠哉大
乎獨能成其天以形言之則人以道言之則天禮曰安則久久則天賈瓊問君子之道子曰必先恕
乎曰敢問恕之說子曰爲人子者以其父之心爲心孝則知父之慈爲人弟者以
其兄之心爲心悌則知兄之友推而達於天下斯可矣至孝近王至悌近霸推三道於天下可謂君子 子
曰君子之學進於道濟天下小人之學進於利營一身 楚難作使使召子
子不往謂使者曰爲我謝楚公楊玄感襲封楚國公舉黎陽叛故曰難作天下崩亂非至公血
誠不能安苟非其道無爲禍先非應天順人則禍而已 李密問王霸之略子曰不以
天下易一民之命易爲輕易之易一民至細也不可以天下之大輕小民之命 李密出子謂賈瓊曰亂天
下者必是夫也幸災而念禍愛強而願勝神明不與也背叛伏誅 子居家
雖孩孺必狎不威其使人也雖童僕必斂容不慢子曰我未見知命者也
命天命也德合於天而心復於性是謂知命孔子五十而知天命孟子曰盡其心則知性知性則知天易曰窮理盡性以至於命是則命非性無能知者文中
子歎知性者尚少故曰未見知命者也 子曰不就利不違害不強交不苟絶四者惟義所在惟有道

者能之（有道義）子躬耕或問曰不亦勞乎子曰一夫不耕或受其飢且庶人之職也（舜在畎畝志存天下聖賢躬耕蓋勸其俗）亡職者罪無所逃天地之間吾得逃乎（不仕即農四民何逃）子蓺黍登場歲不過數石以供祭祀冠婚賓客之酒也成禮則止子之室酒不絕（用有節禮不闕）薛方士問葬（方士未見）子曰貧者斂手足富者具棺槨（孔子謂子路曰斂手足形而葬顏回有棺無槨）封域之制無廣也（古不封不樹孔子謂不可不誌也故封之後代因有丈尺之制）不居良田（妨農）古者不以死傷生不以厚為禮（帝王陵惟漢文及唐太宗無珍寶盜不發）陳叔達問事鬼神之道子曰敬而遠之（敬謂不敢無之遠謂不敢有之）問祭子曰何獨祭也亦有祀焉有祭焉有享焉三者其不同古先聖人所以接三才之奥也（周禮祭天曰祀祭地曰祭祭宗廟曰享異其名言神道幽奥禮宜分也分而接之則配天而天人統和）達茲三者之說則無不至矣（祭多名不出三才之奥耳）叔達俛其首（因問祭得天人之道故俛首思之甚）子曰王猛有君子之德三焉其事上也密其接下也温其臨事也斷（猛字景略為符堅相議赦而青蠅泄之密矣兵至鄴而遠近恬然温矣先黜尸素然後舉賢斷矣）或問蘇綽子曰俊人也曰其道何如子曰行於戰國可以強行於太平則亂矣（蘇綽字令綽後周文帝時為尚書掌機密長於算術申韓之學俊於用法非正道故云太平則亂）問牛弘子曰厚人也（牛弘字里仁隋文時作相宣勅而口不能言時稱其質重故曰厚人）子觀田魏徵杜淹

董常至。子曰：各言志乎？徵曰：願事明王，進思盡忠，退思補過。直而遂，好諫

淹曰：願執明王之法，使天下無冤人。誠而厲常，好平刑 常曰：願聖人之道行於

時，其動權 常也無事於出處。其靜至 子曰：大哉，吾與常也。可與權，可與至其道，入性命矣 子

在長安，曰：歸來乎！今之好異輕進者，率然而作，無所取焉。仁壽四年在長

安，謁文帝，見公卿異端，輕率文辭，不根道義，苟媚其主，使無所取治焉，遂歸 子在絳，絳州 程元者因薛收而來。元門

人，未見 子與之言六經，元退謂收曰：夫子載造彝倫，一匡皇極，微夫子

吾其失道左見矣。晉尚虛言，至南朝淫靡，非左道變雅，天下遂亂，續經既造，人文乃正 子曰：蓋有慕名而作

者，吾不為也。虛名失實 叔恬曰：文中子之教興，其當隋之季世，皇家之未

造乎？將敗者吾傷其不得用，隋敗 將興者吾惜其不得見。唐興 其志勤，其

言徵，其事以蒼生為心乎。晡門人千數，至卿相者十餘人，蓋蒼生受賜多矣 文中子曰：二帝三王，吾

不得而見也，捨兩漢將安之乎？之往也 大哉七制之主，其以仁義公恕統

天下乎。仁若文帝感緹縈去肉刑，義若武帝殺鉤弋防后族之亂，公若明帝不許管陶求郎，恕若章帝赦楚王徒者是也 其役簡，仁也 其

刑清，義也 君子樂其道，公也 小人懷其生。恕也 四百年間，高祖至獻帝四百一十六年 天下

無二志，其有以結人心乎？終之以禮樂，則三王之舉也。禮樂者，王道淳則舉，漢雜霸道，故不

（及三代）子曰：王道之駁久矣（駁雜），禮樂可以不正乎（禮論樂論所以正之）？大義之蕪甚矣（荒蕪），詩書可以不續乎（續詩續書所以明之）？

子曰：唐虞之道直以大，故以揖讓終焉（堯直讓舜大也）。必也有聖人承之，何必定法（以聖承聖何其常法之有）？其道甚闊，不可格于後（後若無聖安能格及）。夏商之道直以簡，故以放弑終焉（湯直伐桀簡也）。必也有聖人扶之，何必在我（我謂我君）？其道亦曠，不可制于下（下若有姦臣則無君之心難制矣）。如有用我者，吾其爲周公所爲乎（可以承則承可以扶則扶此周公之爲）？

子燕居，董常、竇威侍。子曰：吾視千載已上，聖人在上者，未有若周公焉。其道則一，而經制大備（一謂堯舜湯武一歸于道也公羊傳曰周公何以不之魯欲天下之一乎周也大備謂設官分職制禮作樂也禮曰禮器是謂大備大備盛德也），後之爲政有所持循（一本作脩漢史作循）。吾視千載而下，未有若仲尼焉。其道則一，而述作大明（謂吾道一以貫之是也述詩書作春秋所以明周公也禮曰述者之謂明），後之修文者有所折中矣（無位則修而取中焉）。千載而下，有申周公之事者，吾不得而見也（時異事殊）；千載而下，有紹宣尼之業者，吾不得而讓也（當仁）。

子曰：常也其殆坐忘乎（顏子坐忘遺照）？靜不證理而足用焉（靜則本性也本性則不待外徼物理而後致用也如此則當其無有證之用），思則或妙（妙謂幾微也知幾其神神妙萬物不思而得坐忘是也董生雖不證理而未能無思故曰思則或妙以解上文其殆之義）。

李靖問聖人之道，子

曰無所由亦不至於彼門人曰徵也至或曰未也門人惑子曰徵也去此矣而未至於彼（已離中賢之見然未至上哲之性）或問彼之說子曰彼道之方也（達者無方未達者迷焉故設之以方使趨於彼也）必也無至乎（待至彼然後見道亦未爲達者也猶一隅以知三隅是亦有隅也大方無隅而神無方聖人與神道並行無所至無不至）董常聞之悅（知道自至）門人不達（若房魏尚未至彼安能無至故不達）董常曰夫子之道與物而來與物而去（致知在格物物格然後知至是以來則應之若與俱來去則忘之若與俱去道之應物如是無方非至賾惟幾妙乎萬物則安能通其去來哉）來無所從去無所視（去來既通則何有來何有去）薛收曰大哉夫子之道一而已矣（無所來去混然圓神若大衍之一不可得而見）子謂程元曰汝與董常何如程元曰不敢企常常也遺道德（遺猶忘也道大而無所道德高而無所德是忘也）元也志仁義（志求仁則仁志求義則義無志則無得是志矣）子曰常則然矣而汝於仁義未數數然也（數數頻也）其於彼有所至乎（由專至一隅故也）子曰董常時有慮焉（時謂時中也雖未能不思而得不勉而中然思則或妙慮必時中）其餘則動靜慮矣（其餘程薛房魏輩慮未時中然會其有動靜則慮之耳猶顏回三月不違仁其餘日月至焉而已）子曰孝哉薛收行無負於幽明（收父道衡非辜見戮收遁於首陽山以免此行全幽明矣）子於是日弔祭則終日不笑（哀未忘）或問王隱（隱字處叔多知西都舊章撰晉書文體混漫義不可解世不甚傳）子曰敏人也其器明其才富其學贍或問其道子曰述作多而經制淺其道不足

稱也器謂才學而已若加之識則三長具可以知道矣 子謂陳壽有志於史依大義而削異端壽字
永祚著三國志善敘事初王沈撰魏書韋曜續成之壽乃具吳蜀二國變史稱志大抵簡略存其大義 謂范甯有志於春秋徵
聖經而詰衆傳范甯字武子爲穀梁集解謂左氏失誣公羊失俗穀梁失短皆詰正於道耳 子曰使陳壽不美於
史遷固之罪也史記雜黃老之道壯蕤雄之詞漢書又模範紀傳愈加文飾是史筆之罪也 使范甯不盡美於春
秋歆向之罪也劉向理穀梁劉歆好左氏各守一家而不能貫聖經之大本是古學之罪也 裴晞曰何謂也子曰史之
失自遷固始也記繁而志寡但務廣記而不原聖人教化之志 春秋之失自歆向始也棄
經而任傳但爭衆傳而不原聖人權衡之法 子曰蓋九師興而易道微淮南王聘九人明易者撰道訓二十篇號
九師易 三傳作而春秋散公羊高穀梁喜左丘明皆孔子門人 賈瓊曰何謂也子曰白黑相渝
能無微乎白黑渝正色 是非相擾能無散乎是非擾正道 故齊韓毛鄭詩之末也
后蒼所傳爲齊詩韓嬰所傳爲韓詩毛鄭詩毛萇注鄭玄箋也 大戴小戴禮之衰也二戴因曲臺記論於石渠成禮記戴德號大戴戴聖
號小戴 書殘於古今孔安國家藏科斗尚書以今文易之劉歆別得古本奏立古文尚書 詩失於齊魯齊轅固生治詩爲博士齊
人宗之魯申公漢初爲儒學魯人宗之於是有齊魯詩 汝知之乎賈瓊曰然則無師無傳可乎子曰
神而明之存乎其人聖性神受天縱無師 苟非其人道不虛行人能弘道 必也傳又不可
廢也傳之在師得之在已所傳有限所得無窮故周公師天下仲尼自得之仲尼師萬世仲淹自得之皆神契其道不盡由師明矣孟子曰君子之深造於道

（也欲其自得之自得之則居之安居之安則取諸左右逢其原然學不可無師而得之不由師也）子謂叔恬曰汝不爲續詩乎則其視七代損益終懣然也（七代注見上懣昏也）子謂續詩可以諷可以達（諷時政達下情）可以蕩可以獨處（蕩滌鬱結獨處無邪）出則悌入則孝（上四德備矣則孝悌動天地感鬼神）多見治亂之情（治之情樂亂之情哀）文中子曰吾師也詞達而已矣（聖人不繁文惟達意而已）或問楊雄張衡子曰古之振奇人也其思苦其言艱（楊雄作太玄經及倉頡訓纂沈默精思好學奇字張衡行渾天及地動儀如楊雄之學大抵好奇多艱苦）曰其道何如子曰靖矣（艱苦而奇未足適變蓋守靖而已）子曰過而不文（不文過）犯而不校有功而不伐君子人哉子曰我未見謗而喜聞譽而懼者子曰富觀其所與（與貧則仁與姦則賊）貧觀其所取（取於義則安取於利則危）達觀其所好（好賢則治好佞則亂）窮觀其所爲（爲善則生爲惡則死）可也（四者可以知人不須多察）或問魏孝文子曰可與興化（後魏元氏名宏始都洛陽修文物制度太和詔冊帝自爲之斯可與興文化矣）銅川夫人好藥（子之母）子始述方（伎術非事親不暇爲也）芮城府君重陰陽（子之兄也爲芮城令陝州縣名）子始著曆日且曰吾懼覽者或費日也（聖人與天地合德安在推步陰陽蓋以事兄之心始著星曆恐門人拘忌妄習災福故特云懼費日而已）子謂薛知仁善處俗（知仁未見處俗謂能隨俗而處）以芮城之子妻之子曰內難而能正其志（引明夷彖辭）同州府君以之（文中子高祖名彥爲同州刺史內難未詳）子曰吾於天下無

去也無就也惟道之從從中道

中說卷第二

中説卷第三

事君篇

阮逸注

房玄齡問事君之道子曰無私問使人之道曰無偏曰敢問化人之道子曰正其心問禮樂子曰王道盛則禮樂從而興焉非爾所及也仁義著則王道盛也樂者仁之聲也禮者義之容也必待明王乃可興非今爾所及

或問楊素子曰作福作威玉食不知其他也驕且吝餘不足觀

房玄齡問郡縣之治秦罷侯置守郡縣始於此子曰宗周列國八百餘年列國謂封建五等諸侯皇漢雜建四百餘載漢監秦亡之勢雖無五等而雜封功臣宗室子弟魏晉已降滅亡不暇魏晉亦有封爵然虛名無實故滅於權臣之手吾不知其用也觀周漢之永魏晉之促其用可知矣

楊素使謂子曰盍仕乎子曰疏屬之南疏屬山名山海經云枕汾水名管涔汾水之曲有先人之弊廬在可以避風雨有田可以具饘粥彈琴著書講道勸義自樂也願君侯正身以統天下素驕故以正規之時和歲豐則通也受賜多矣不願仕也終巽詞以拒之

子曰古之爲政者先德而後刑故其人悅以恕悅謂知德及我恕謂知刑不得已而行今之爲政者任刑而棄德故其人怨以詐怨謂不教我而致我犯詐謂矯求苟免

子曰古之從仕者養人今之從仕者養己歎反古

子曰甚矣齊文宣之

虐也北齊髙洋以峻法御下 姚義曰何謂克終子曰有楊遵彥者寔掌國命楊愔字遵彥文宣時爲尚書本史稱朝章國命一人而已 視民如傷奚爲不終言有賢臣故不亡 竇威好議禮子曰威也賢乎哉我則不敢威所好者禮之文耳文中子不敢者禮之情也夫知禮樂之情者能作識禮樂之文者能述隋室禮壞賢威有心大抵治定而後議今非其時故曰不敢 北山丈人山海經云北山之首曰單狐丈人無名氏 謂文中子曰何謂遑遑者無乃急歟子曰非敢急傷時怠也怠而不修斯文喪矣 子曰吾不度不執度德不執用 不常不遂得常遂行 房玄齡曰書云霍光廢帝舉帝何謂也續書言有霍光之命言廢帝舉帝之事光字子孟先是武帝畫周公相成王圖以賜光光盡忠輔之昭帝崩立昌邑王賀賀有罪三千條光廢之而立宣帝續書云大臣之義載于業者有十其一曰命文中子曰書有命邃矣其有成敗於其開天下懸之不得已而臨之乎 子曰何必霍光古之大臣廢昏舉明所以康天下也古若伊尹 子遊河間之渚隋河間郡連涿水渚今深州 河上丈人曰何居乎斯人也丈人無名氏居音姬發語之端 心若醉六經目若營四海何居乎斯人也文中子去之薛收曰何人也子曰隱者也收曰盍從之乎訝子去之 子曰吾與彼不相從久矣吾吾道也吾道自仲尼與荷蓧丈人已來不相從也故曰久矣 至人相從乎收問至人無名還從隱乎 子曰否也言至人有名而難名者也今之隱者異於是獨善一身不以天下爲道 子在河上曰滔滔乎昔吾願止焉而不可得也今吾得之止乎聖人時行則行時止則止昔常欲止而心猶有爲故獻策於長安今道之不行得以止矣故退居於河曲

子見牧守屢易曰堯舜三載考績仲尼三年有成今旬月而易吾不知其道（痛隋行秦苛且之政）薛收曰如何子曰三代之興邦家有社稷焉（諸侯稱邦卿大夫稱家立社稷世奉其祀）兩漢之盛牧守有子孫焉（襲爵通侯無罪國不除）不如是之亟也（亟猶遽也）無定主而責之以忠無定民而責之以化雖曰能之末由也已（末莫也）賀若弼請射於子發必中（弼字輔伯平陳有武功爲揔管隋主宴突厥人使命之射一發中的命弼射一發亦中的弼自矜善射故請子觀）子曰美哉乎藝也（六藝云次三曰射）古君子志於道據於德依於仁而後藝可游也（言藝成而下君子游之而已）弼不悅而退子謂門人曰矜而愎難乎免於今之世矣（弼竟誅死）

子謂荀悅史乎史乎（悅字仲豫漢獻帝時侍講禁中依編年體著前漢紀三十篇詞約事詳申明制度重言美之也）謂陸機文乎文乎（機字士衡作文賦及辯亡論蓋有述作之志復祖之風）皆思過半矣子謂文士之行可見謝靈運小人哉其文傲君子則謹（靈運玄之孫襲爵康樂公性奢豪曾爲永嘉太守多遊山不聽民訟召爲侍中稱疾不朝此傲可見也）沈休文小人哉其文冶君子則典（沈約字休文始制音韻好豔冶之辭梁朝士人宗之益務妍侈此冶可見矣）鮑昭江淹古之狷者也其文急以怨（昭字明遠爲宋臨江王參軍有虛詞而官一不達故多怨刺淹字文通爲宋建平王從事有罪下獄上書其言急皆狷可見矣）吳筠孔珪古之狂者也其文怪以怒（南史無吳筠疑是吳均之誤也均字叔庠文體古怪又疑是王筠筠字元禮爲文好押強韻多而不精一官一集孔稚珪字德璋與江淹對掌文翰而不肯伏淹皆

狂可見矣）謝莊王融古之纖人也其文碎（莊字希逸善詞賦歌詩傳于樂府嘗作殷妃誄使堯門故事宋帝深衘之融字元長文詞辯捷長於屬綴後坐罪誅此纖碎可見矣）徐陵庾信古之夸人也其文誕（陵字孝穆陳後主詔冊皆陵爲之好裁綃新意自成文體信字子山與徐陵同爲學士文體相夸時稱徐庾此誕可見矣）或問孝綽兄弟子曰鄙人也其文淫（劉綽字孝綽兄弟孝威孝儀俱以才名顯其舅王籍常稱孝綽云天下文章若無我當歸阿士阿士孝綽小名蓋淫詞類舅此鄙可見矣）或問湘東王兄弟子曰貪人也其文繁（南齊世祖之子湘東王名子建與兄晉陵王子良及隋郡王子隆皆好文章有集傳世然志貪富貴繁可見矣）謝朓淺人也其文捷（朓字玄暉爲齊新安王記室箋詞敏捷此淺可見矣）江揔詭人也其文虛（揔字揔持與陳後主爲長夜之飲相和爲詩不恃政事此詭佞可見矣）皆古之不利人也（或喪身或亂國）子謂顏延之王儉任昉有君子之心焉其文約以則（詞簡約而理有法則是君子用心也延之字延年宋時爲侍郎常言天下之務當與天下共之平生不拘小節不營財利儉字仲寶南齊時爲尚書令好禮學文詞風流自比謝安上宴命羣臣作樂儉獨念封禪文昉字彥升梁時掌文誥累爲太守凡饋遺與親戚以俸米散荒民當世士進無不歷其門者昉接引之常言憂人之憂樂人之樂此心可見矣）尚書召子仕（隋尚書署天下吏）子使姚義往辭焉曰必不得已署我於蜀（寧僻遠以藏用）或曰僻子曰吾得從嚴楊游泳以卒世何患乎僻（嚴君平楊雄）子曰吾惡夫佞者必也愚乎愚者不妄勤吾惡夫豪者必也恪乎恪者不妄散（佞惑主豪誘衆不若愚恪守其分）子曰達人哉山濤也多可而少怪（宏達）或曰王戎賢乎（戎字濬沖晉司徒）子曰戎而賢天下無不

賢矣戎典選未嘗進寒素近虛名天下目為膏肓之疾及愍懷之廢又無一言以諫但苟且簡靜容身而已實非賢子曰陳思王可謂達理者也以天下讓時人莫之知也曹植字子建魏祖欲立為太子植不自雕礪飲酒晦迹兄文帝矯情自飾以求為嗣人不知子建讓兄耳子曰君子哉思王也其文深以典親親表典矣出師表深矣房玄齡問史子曰古之史也辯道約理明變今之史也耀文空事詞語問文子曰古之文也約以達今之文也繁以塞不通理曰塞薛收問續詩子曰有四名焉有五志焉何謂四名一曰化續大雅也天子所以風天下也形天下之風二曰政續國風蕃臣所以移其俗也蕃臣古諸侯移俗猶易俗也三曰頌續周魯頌以成功告於神明也歌之樂府享于宗廟四曰歎續變風變雅以陳誨立誡于家也國異政家殊俗詩人哀之歎之所以吟詠於家諷刺其上使達此變以懷舊俗也凡此四者或美焉嘉美之或勉焉無足嘉則勉之或傷焉勉不得則傷之或惡焉不足傷則惡之或誡焉語他事使聞之自誡是謂五志皆志出之子謂叔恬曰汝為春秋元經乎春秋元經於王道是輕重之權衡曲直之繩墨也失則無所取衷矣衷中也過則抑之不及則勸之皆約歸中道子謂續詩之有化其猶先王之有雅乎續詩之有政其猶列國之有風乎雅合天下而言也風分郡縣而言也子曰郡縣之政其異列國之風乎列國變則懷其舊俗郡縣變則惟新是圖列國之風深以固其人篤世修政教故俗亦深厚曰我君不卒求我也

其上下相安乎（曰者假列國之人爲言也我君謂天子也言天子封建列國本求治也上安其下則下亦安其上故云相安）及其變也（變風）勞而散其人蓋傷君恩之薄也而不敢怨（薄謂不安其下）郡縣之政悅以幸其人慕（苟悅其民幸於成功故民亦擇善而慕之）曰我君不卒撫我也其臣主屢遷乎（此假郡縣之人爲言也言我君不終撫吾民使善政不久居而屢易之乎）及其變也（變政）苛而迫其人蓋怨吏心之酷也而無所傷焉（吏苟一時急功則政酷民怨）雖有善政未及行也魏徵曰敢問列國之風變傷而不怨郡縣之政變怨而不傷何謂也子曰傷而不怨則不曰猶吾君也（民君本國諸侯亦猶諸侯君天子）吾得逃乎何敢怨（可逃避不敢怨）怨而不傷則不曰彼下矣（彼謂郡縣長下猶去也言終替去）吾將賊之又何傷（賊害之）故曰三代之末尚有仁義存焉（邦家有社稷故）六代之季仁義盡矣（牧守無子孫故）何則導人者非其路也（不以王路使人由之）子曰變風變雅作而王澤竭矣（周先王之澤）變化變政作而帝制衰矣（漢諸帝之制）子曰言取而行違溫彥博惡之（彥博大雅弟正觀中爲御史大夫有才辯官終僕射）面譽而背毀魏徵惡之（二子正直同）子曰愛生而敗仁者其下愚之行歟（觸情亡性）殺身而成仁者其中人之行歟（強仁非安行）游仲尼之門未有不迨中者也（殺身若子路結纓蓋其中賢也）陳叔達爲絳郡守下捕賊之令曰無急

也請自新者原之以觀其後容其改過刑之未遲子聞之曰陳守可與言政矣上失其道民散久矣隋季如剮衰苟非君子焉能固窮小民窮則盜導之以德懸之以信且觀其後不亦善乎容在德刑在信薛收問恩不害義儉不傷禮何如子曰此文景尚病其難行也夫廢肉刑害於義義象秋也天不以人惡寒而變肅殺之令損之可也刑不濫則損衣弋綈傷乎禮禮象夏也君不以小善卑當陽之儀中焉可也不偏下則中雖然以文景之心爲之可也不可格于後本心在愛民節用不意其害義傷禮後王必稽中道子曰古之事君也以道不可則止直道今之事君也以佞枉道無所不至所至皆佞子曰吾於讚易也述而不敢論述謂修之論謂別立理吾於禮樂也論而不敢辯論沿華而已不敢辯興衰之極吾於詩書也辯而不敢議辯治亂之事不敢議其得失之由或問其故子曰有可有不可聖人立言或微而顯或蓋而彰或曲而中或肆而隱各有奧義不可槩窺是故有可以述則述可以論則論辯議皆然曰夫子有可有不可乎子曰可不可天下之所存也我則存之者也夫經天下之公言也故我續而存之者耳非我自可否也子閑居儼然其動也徐若有所慮貌敦其行也方矩步也若有所畏禮恭其接長者恭恭然如不足接幼者溫溫然如有就敬愛得中子之服儉以絜無長物焉長剩也綺羅錦繡不入于室曰君子非黃白不

御黄白取自然絲色婦人則有青碧染之易者子宴賓無貳饌不重味食必去生味必適中適果菜非其時不食曰非天道也非其土不食曰非地道也皆保眞性者也鄉人有窮而索者索求曰爾於我乎取無擾爾鄰里鄉黨爲也周禮五家爲鄰五鄰爲里五州爲鄉五族爲黨我則不厭鄉人有喪子必先往匍匐救之反必後弔忘子之言應而不唱問則應不唱始唱必有大端人言所不及則唱之子之鄉無爭者近易化或問人善子知其善則稱之不善則曰未嘗與久也子濟大川有風則止不登高不履危不乘悍悍馬不奔馭鄉人有水土之役則具畚鍤以往曰吾非從大夫也畚草器鍤鍬也非大夫則徒行銅川府君之喪喪父勺飲不入口者三日營葬具曰必儉也吾家有制焉棺槨無飾衣衾而舉帷車而載飾謂漆飾也衾衣帷者生所御物亡塗車芻靈則不從五世矣禮曰塗車芻靈自古有之孔子謂芻靈者善謂俑者不仁不殆於用人乎既葬之曰自仲尼已來未嘗無誌也於是立墳高四尺不樹焉孔子曰我東西南北之人不可弗識也封之崇四尺子之他鄉舍人之家舍於主人出入必告既而曰奚適而無稟言人動有所稟萬春鄉社所居鄉名社祀句龍子必與執事翼如也執俎豆之事翼如恭貌芮城府君起家除服被起爲御史將行謂文中子曰何以贈我子曰清而無介

清極則介 直而無執 直甚則執 曰何以加乎 子曰太和爲之表 清而外和 至忠爲之内 直而内至 行之以恭守之以道 恭外道内 退而謂董常曰大厦將顛非一木所支也 言隋將顛非御史可救 子曰昏娶而論財夷虜之道也君子不入其鄉古者男女之族各擇德焉不以財爲禮 引古正今 子之族昏嫁必具六禮 納采問名納吉納幣請期親迎 曰斯道也今亡矣三綱之首不可廢吾從古 夫爲婦之綱 子曰惡衣薄食少思寡欲今人以爲詐我則好詐焉不爲誇衒若愚似鄙今人以爲恥我則不恥也子曰古之仕也以行其道 道行於人 今之仕也以逞其欲 厚己所欲 難矣乎 難致太平 子曰吏而登仕勞而進官非古也其秦之餘酷乎 周禮胥史執事而已非委之以政教也春秋有功賞邑而已非假之以名器也秦政酷故用吏才而官不授德 古者士登乎仕 士謂後造也從王命爲仕 吏執乎役 役力 祿以報勞官以授德 祿及勞者一身而已官則爲天下設也 子曰美哉公旦之爲周也外不屑天下之謗而私其迹曰必使我子孫相承而宗祀不絶也 不屑不介慮也迹謂攝位也曰者假周公爲言也 内實達天下之道而公其心曰必使我君臣相安而禍亂不作 達道謂制禮作樂也公終復子明辟也 深乎深乎安家者所以寧天下也存我者所以厚蒼生也 奉文武業必存我身所以寧國厚民 故遷都之義曰洛邑之

地四達而平使有德易以興無德易以衰日者周公云也卜洛相宅義不恃險而在修德無功作五斗先生傳王績字無功子之弟也不遇時則縱酒一歙五斗自作五斗先生傳以見志子曰汝忘天下乎言未能忘天下縱心敗矩吾不與也責其敗人倫之法

中說卷第三

中說卷第四

周公篇

阮逸注

子謂周公之道曲而當私而恕（攝政誅管蔡曲而當也代武王請伯禽私而恕也）其窮理盡性以至於命乎（曲而當於理窮矣私而恕於性盡矣理則性性則天天則命此所以爲聖也）子曰聖人之道其昌也潛其弊也寖（潛寖皆漸也）亹亹焉若寒暑進退物莫不從之而不知其由也（亹亹循環不絕貌顯諸仁則民從之藏諸用則民不知）温彥博問嵇康阮籍何人也（嵇康字叔夜山濤舉之自代康絕交其介局如此阮籍字嗣宗居喪用琴酒且曰禮豈謂我輩設其放曠如此）子曰古之名理者而不能窮也（談名理不窮其變或失於介或失於放）曰何謂也子曰道不足而器有餘（道不通則介故不足器不執則放故曰有餘）曰敢問道器子曰通變之謂道（可以變則變）執方之謂器（可以方則方）曰劉靈何人也（劉靈字伯倫性淡默不交游以酒自樂常攜壺使人荷鍤隨行曰死即理之）子曰古之閉關人也（閉關喻藏身也此世人所不能窺其閫閾）曰可乎曰兼忘天下不亦可乎（一身可忘也天下不可兼忘）曰道足乎子曰足則吾不知也（靈亦放而已非中道）陳守謂薛生曰吾行令於郡縣而盜不止夫子居於鄉里而爭者息何也（陳守叔達也薛生收也夫子謂文中子）薛生曰此以言化（行令示法）彼以心化（行道感人）陳守曰吾過矣退而靜居（思行其道）三月盜賊出境子聞之曰收善

言叔達善聽二子同志房玄齡問田疇何人也子曰古之義人也田疇字子泰幽州牧劉虞使疇奉使于天子及廻虞爲公孫瓚所害疇哭虞墓而去魏祖欲封疇疇不受此節義人也子謂武德之舞勞而決其發謀動慮經天下乎漢高祖廟奏武德舞狀干戈勤勞決取以經營天下也謂昭德之舞閑而泰其和神定氣綏天下乎漢文帝廟奏昭德舞狀修文物以綏安天下也太原府君曰何如子曰或決而成之或泰而守之吾不知其變也凡帝道有成之者有守之者樂舞象焉其變有文武相須噫武德則功存焉不如昭德之善也功立一時而已德必常守于萬世且武之未盡善久矣其時乎其時乎湯武革命一時之功周行典禮萬世之道子謂史談善述九流司馬談爲太史故曰史談九流一儒家二道家三陰陽家四法家五名家六墨家七縱橫家八雜家九農家知其不可廢而知其各有弊也安得長者之言哉逸謂九流異道猶五方殊俗在致治者因而利之器而使之故不廢而同歸於儒矣長者言殊道無不容無不通也不廢則容之有弊則排之非眞儒變通不能極此子曰通其變天下無弊法何常之有法弊則革執其方天下無善教偏執一隅有時作泥故曰存乎其人人謂眞儒子曰安得圓機之士與之共言九流哉圓無執張機發必中安得皇極之主與之共敘九疇哉九疇一五行二五事三八政四五紀五皇極六三德七稽疑八庶徵九五福皇極居九數之中當主位也杜淹問崔浩何人也子曰迫人也執小道亂大經崔浩字伯淵好星曆及眞君長生之術蓋迫小不知通儒之道程元曰敢問豳風何也子曰變風也豳今爲邠周始興之地也變風自鄶至王黍離元曰周

公之際亦有變風乎子曰君臣相誚其能正乎成王聽流言之誚非正風也成王終疑則風遂變矣儻金縢未開則終疑周公非周公至誠孰能卒正之哉發乎情是至誠也止乎禮義是卒正之也元曰豳居變風之末何也刪詩何以豳在列國之後子曰夷王已下變風不復正矣夷王下堂而見諸侯周始衰變國風遂變不復雅正矣夫子蓋傷之者也傷周故終之以豳風言變之可正也唯周公能之故繫之以正周已變而以豳正之者周公也歌豳曰周之末也七月陳王業后稷公劉之本嗚呼非周公孰知其艱哉正業艱難變而克正危而克扶始終不失於本其惟周公乎繫之豳遠矣哉周公之詩不繫周而繫豳者正其本存乎遠也子曰齊桓尊王室而諸侯服惟管仲知之管仲字夷吾齊桓公伯諸侯仲之力也故曰知之符秦舉大号而中原靜惟王猛知之前秦符堅得天下三分之二故曰中原靜也亦其相王猛之力或曰符秦逆東晉在而堅僭号是逆子曰晉制命者之罪也晉不能命方伯使征不庭符秦何逆上順下違曰逆上亂下抗非逆也義在下文昔周制至公之命若策命曰五侯九伯汝實征之是至公也故齊桓管仲不得而背也上順故晉制至私之命惠帝已後賄賂大行天下謂之互市故符秦王猛不得而事也晉東遷中國無主秦乃抗号其應天順命安國濟民乎是以武王不敢逆天命背人而事紂齊桓不敢逆天命背人而黜周故曰晉之罪也符秦何逆三十餘年中國士民東西

南北自遠而至猛之力也子曰符秦之有臣其王猛之所爲乎（見王猛功業知秦有臣）元魏之有主其孝文之所爲乎（觀孝文治具知魏有主）中國之道不墜孝文之力也（都洛邑興文物）太原府君曰溫子昇何人也子曰險人也智小謀大永安之事同州府君常切齒焉則有由也（溫子昇字鵬舉掌魏國文翰性似靜而實深險其後與元瑾謀逆坐誅永安莊帝年号也時魏國大亂切齒未詳）子讀三祖上事（讀魏書也）曰勤哉而不補也（見同州府君勤王事跡也）無謂魏周無人吾家適不用爾（魏帝寶炬入關依宇文泰泰子覺建号稱周）子之家廟座必東南向自穆公始也曰未忘先人之國（穆公虬自宋奔魏自是廟座向東南）遼東之役子聞之曰禍自此始矣（煬帝大業八年征遼二百萬衆並陷九年又征之山東始亂十年又征天下遂喪）天子不見伯益讚禹之詞（益讚于禹曰惟德動天無遠弗屆禹乃班師振旅七旬苗格）公卿不用魏相諷宣帝之事（漢宣帝使趙充國擊匈奴魏相諫曰臣聞恃大威者爲驕兵兵驕者滅非但人事乃天道也）王孝逸謂子曰天下皆爭利棄義吾獨若之何（利己曰利利物曰義）子曰捨其所爭取其所棄不亦君子乎子謂賈瓊王孝逸凌敬曰諸生何樂賈瓊曰樂閑居（退靜）子曰靜以思道可矣王孝逸曰樂聞過（思益）子曰過而屢聞益矣凌敬曰樂逢善人（好賢）子曰多賢不亦樂乎薛收遊於館陶（魏有館陶縣）適與魏徵歸告子曰徵顏冉

之器也御宿子之家言六經踰月不出及去謂薛收曰明王不出而夫子生是三才九疇屬布衣也（道兼天地理通皇極）劉炫見子談六經唱其端終日不竭（炫字伯光開皇中表乞興學校然好自矜伐爲執政所抑著五經正名十二卷行於世）子曰何其多也炫曰先儒異同不可不述也（注傳異同）子曰一以貫之可矣爾以尼父爲多學而識之耶（天下何思何慮殊途而同歸百慮而一致此尼父之學也）炫退子謂門人曰榮華其言小成其道難矣哉（難入尼父之門矣）凌敬問禮樂之本子曰無邪（禮樂本乎情情無邪則貌恭而氣和恭禮也和樂也）凌敬退子曰賢哉儒也以禮樂爲問（賢其學王道）子曰大風安不忘危其霸心之存乎（漢高祖歌云安得猛士兮守四方此不忘武備而心在雜霸也）秋風樂極哀來其悔志之萌乎（漢武歌云歡樂極兮哀情多此悔悟前過志形哀痛之詔也）子曰詩書盛而秦世滅非仲尼之罪也（秦不用詩書故亡）虛玄長而晉室亂非老莊之罪也（老莊存太古之教非適時之典晉賢蕩焉故亂）齋戒修而梁國亡非釋迦之罪也（釋氏本空寂之法非化俗之原梁主惑焉故亡）易不云乎苟非其人道不虛行（聖人非不知太古之朴空寂之性然而應物致理必有制焉晉賢蕩梁主惑非立人之制也故虛行者鮮）或問佛子曰聖人也（聖人之寂滅者）曰其教何如曰西方之教也（西方化外可行非中國禮義之俗可習）中國則泥（泥猶溺也）軒車不可以適越冠冕不可以之胡古之道也（越舟而不車胡髮而不冠古者夷不亂華）或問宇文儉子

曰君子儒也跡通知遠其書之所深乎僉事跡未見銅川府君重之豈徒然哉父之友子遊太樂樂署聞龍舟五更之曲煬帝將遊江都官作此曲瞿然而歸曰靡靡樂也紂作靡靡之樂亡國之音也作之邦國焉不可以遊矣子謂姚義盍官乎官仕義曰捨道干祿義則未暇言隋仕人皆捨道子曰誠哉信有此或問荀彧荀攸子曰皆賢者也曰生死何如彧死攸生子曰生以救時死以明道荀氏有二仁焉彧字文若佐魏祖有大功或謂魏祖宜加九錫彧曰本起義兵所以正朝安國也君子愛人以德不宜如此魏祖聞之不悅彧飲藥而死或從子攸字公達魏國初建參謀帷幄舉事慎密雖子弟不能知魏祖常稱曰荀令君之仁荀軍師之智又曰令君舉善不進不求畢師去惡不去不止然彧初仕漢漢亡則死攸獨仕魏魏存則生明道救時皆謂仁矣子曰言而信未若不言而信行而謹未若不行而謹賈瓊曰如何子曰推之以誠則不言而信心至誠雖未言人已知其必信矣鎮之以靜則不行而謹性復靜雖未行人知必謹惟有道者能之有儒道者能如此楊素謂子曰甚矣古之為衣冠裳履何樸而非便也樸虛裝貌子曰先王法服不其深乎有深旨為冠所以莊其首也為履所以重其足也衣裳襜如衣下曰裳襜如盛貌劍珮鏘如帶劍示威鏗珮合節鏘如響聲皆所以防其躁也威重有節則躁無自入焉故曰儼然人望而畏之以此防民猶有疾驅於道者今捨之曰不便是投魚於淵寘猿於木也為禮

使人別禽獸（小注）天下庸得不馳騁而狂乎引之者非其道也（責素不以禮引人）董常歌鄁栢舟（言仁不遇也衛頃公之時仁人不遇小人在側卒章云憂心悄悄愠于羣小）子聞之曰天實爲之謂之何哉（此北門篇也刺仕不得志煬帝任羣小仁人憂之言董常不遇者天也）邳公好古物（蘇威封邳國公）鍾鼎什物珪璽錢貝必具子聞之曰古之好古者聚道（聚淳朴之性）今之好古者聚財（聚珍異之器）子謂仲長子光曰山林可居乎（子光注見上）曰會逢其適也焉知其可（會當其意有所適則居之耳不知其可不可也）子曰達人哉隱居放言也（任意所適達也適在山林隱也不知其可放也）子光退謂董薛曰子之師其至人乎死生一矣不得與之變（極乎道爲至人死生不變其道者一貫天下者也）薛收問隱子曰至人天隱（藏其天眞高莫窺測）其次地隱（避地山林絜身全節）其次名隱（名混朝市心在世外）子謂姚義能交（結交）或曰簡（簡靜）子曰所以爲能也（簡淡故）或曰廣（廣泛交也）子曰廣而不濫又所以爲能也（泛愛中有擇）子謂晁厝率井田之序有心乎復古矣（晁厝說文帝曰五口之家服作者不過二人能耕者不過百畝古者一夫一婦受田百畝此井田之制也文帝不能行故漢致治不及三代文中子惜其有復古之心焉）賈瓊問續書之義子曰天子之義列乎範者有四曰制（制命也秦改命爲制漢因之）曰詔（詔令也秦改令爲詔漢因之）曰志（志謂帝王有志於治道而未形乎制詔者也）曰策（求直言而策慮之）大臣之義載乎業者有七曰命（爵命）曰訓（師訓）曰對（奏對）曰讚（褒讚）曰議

評議曰誡（監誡）曰諫（箴諫）文中子曰帝者之制恢恢乎其無所不容（恢恢如天容物）其有大制制天下而不割乎（子曰大制不割割分判也老）其上湛然其下恬然（湛恬皆靜）天下之危與天下安之天下之失與天下正之（凡舉一事必以天下同之）千變萬化吾常守中焉（吾常假帝制自謂也）其卓然不可動乎其感而無不通乎此之謂帝制矣（言二帝之典三王之誥兩漢之記皆同制矣）文中子曰易之憂患業業焉孜孜焉其畏天憫人思及時而動乎（業業畏天孜孜憫人易者天人以時而動也）繁師玄曰遠矣吾視易之道何其難乎（難知）子笑曰有是夫終日乾乾可也（乾乾勤學不難）視之不臧我思不遠（又舉詩勉之使勤學易此載馳篇云也言汝不思善道則已在我思之不為遠）越公聘子子謂其使者曰存而行之可也（姑存此聘禮即可非得聘賢之實也）歌干旄而遣之（干旄衛詩美臣子多好善）既而曰玉帛云乎哉（果求賢不在虛飾）子謂房玄齡曰好成者敗之本也願廣者狹之道也（欲速不達）玄齡問立功立言何如子曰必也量力乎（量力相時）子謂姚義可與友久要不忘賈瓊可與行事臨難不變（相友貴久臨事貴斷）薛收可與事君仁而不佞董常可與出處介如也（事君貴正出處貴絜）子曰賊物貴我君子不為也（賈誼曰小智自私賤彼貴我）好奇尚怪蕩而不止必有不肖之心應之（理使之然）薛宏請見

六經（薛宏未見經續經也）子不出門人惑子笑曰有好古博雅君子則所不隱（言宏非好古者）

子有內弟之喪（內表弟）不飲酒食肉郡人非之（非其過禮）子曰吾不忍也賦載馳卒章而去（鄘國詩卒章云大夫君子無我尤百爾所思不如我所之此言我自不忍而然）

鄭和見譖子於越公曰彼實慢公（彼謂文中子）公何重焉越公使問子子曰公可慢則僕得矣不可慢則僕失矣得失在僕公何預焉越公待之如舊（理遣也）

子曰我未見勇者或曰賀若弼子曰弼也戾焉得勇（勇於義曰勇勇於力曰戾）

李密問英雄子曰自知者英（自知故能知人）自勝者雄（自勝故能勝人）問勇子曰必也義乎（凡勇不得其宜皆勃戾爾）

賈瓊曰甚矣天下之不知子也子曰爾願知乎哉姑修焉天將知之況人乎（孟子曰盡心者知其性也知性則知天言聖人知天則天亦知聖人）

賈瓊請六經之本曰吾恐夫子之道或墜也子曰爾將為名乎有美玉姑待價焉（待明王出當自求行之）

楊玄感問孝子曰始於事親終於立身（言爾父不陷不義則爾身可立矣）問忠子曰孝立則忠遂矣（楊素賢則隋不亂）

中說卷第四

中說卷第五

問易篇

阮　逸　注

劉炫問易子曰聖人於易沒身而已況吾儕乎聖人終身立易中劉炫但熟易之文而不知易在身也炫曰吾談之於朝無我敵者但談易文自謂無敵子不荅退謂門人曰默而成之不言而信存乎德行此所謂易在身魏徵曰聖人有憂乎子曰天下皆憂吾獨得不憂乎問疑子曰天下皆疑吾獨得不疑乎徵退子謂董常曰樂天知命吾何憂窮理盡性吾何疑憂疑出乎情爾情者性之欲也聖人性不憂而人以爲憂者以天下之情爲憂也聖人性無疑而人以爲疑者以天下之情爲疑也故聖人應物以迹復性以心義終下文常曰非告徵也子亦二言乎前云有憂疑後云無憂疑是二言子曰徵所問者迹也舉天下物情之動而聖人應之曰迹吾告汝者心也以一性之本合乎天命曰心心迹之判久矣判分也自周公已來心迹分故曰久矣夫堯禪舜舜禪禹以心言之則一也其所以禪之者迹也湯伐桀武王伐紂以堯舜之心言之亦一也其所伐之者迹也周公仲尼之心與堯舜湯武同也而迹不應乎天下蓋時異耳使周孔居禪之時則舜禹也居伐之時則湯武也文中子不得其時而存心迹聖矣哉吾獨得不二言乎言周公仲尼於易已二言矣常曰心迹固殊乎疑二言爲二道子曰自汝觀之則殊也自爾猶言自彼也以彼觀我則心迹固殊而適造者不知其殊也適造謂我適至於道乘時而用則安知心與迹果殊哉各云當而已矣當謂惟義所在不必執乎心執乎迹時行則行時止則止各當而已則夫二未

違一也（言則二道則一也若先天而天弗違後天而奉天時先後則二而其不違時一也）李播聞而歎曰大哉乎一也（李播亦門人未見傳）天下皆歸焉而不覺也（聖人之道常存於天下然文中子出非其時故天下生民不覺也孟子稱伊尹曰天之生民使先知覺後知先覺覺後覺）程元問叔恬曰續書之有志有詔何謂也叔恬以告文中子子曰志以成道言以宣志（道出乎志也雖未詔天下而其言已宣故曰志）詔其見王者之志乎（詔行天下則志可見矣）其恤人也周其致用也悉一言而天下應一令而不可易（恤人故皆應悉用故不改）非仁智博達則天明命其孰能詔天下乎（言詔如是之大）叔恬曰敢問策何謂也（續書有策）子曰其言也典其致也博憫而不私（憫出病不私諱過）勞而不倦（勞心問賢不倦聽）其惟策乎（若漢武帝策董仲舒）子曰續書之有命邃矣（天爵人爵皆爲命也邃者言非止君命抑亦天命之耳）其有君臣經略當其地乎（命其地必有經略）其有成敗于其間天下懸之不得已而臨之乎（言命之所歸不得已而當之）進退消息不失其幾乎（經略如此）道甚大物不廢高逝獨往中權契化自作天命乎（天下懸於己故曰自作天命）文中子曰事者（續書有事）其取諸仁義而有謀乎雖天子必有師（事由師謀而成）然亦何常師之有唯道所存以天下之身受天下之訓（言不惟師也天下之人有善皆可從）得天下之道成天下之務民不知其由也其惟明主乎（民閒之事君皆行焉民亦不知其君得善之由）文中子曰

廣仁益智莫善於問（續書有問）乘事演道莫善於對（續書有對）非明君孰能廣問非達臣孰能專對乎其因宜取類無不經乎（經營）洋洋乎晁董公孫之對（晁錯對策云三王臣主俱賢合謀相輔莫不本於人情也董仲舒對策曰春秋王道之端傳之於正正次王王次春春者天之所為也正者王之所為也公孫弘對策云致利除害兼愛無私謂之仁明是非立可否謂之義治之大用也此三對皆洋洋然得王道大綱）文中子曰有美不揚天下何觀君子之於君贊其美而匡其失也（續書有讚）所以進善不暇天下有不安哉（言無不安）文中子曰議其盡天下之心乎（續書有議）昔黃帝有合宮之聽堯有衢室之問舜有總章之訪皆議之謂也（合宮總章皆明堂異名也衢室當衢為室以採民言也管子曰堯開衢室聽於民也）大哉乎并天下之謀兼天下之智而理得矣我何為哉恭己南面而已（言黃帝堯舜得天下謀議為理）子曰人心惟危道心惟微言道之難進也故君子思過而預防之所以有誡也（續書有誡）切而不指（切至指訐）勤而不怨曲而不諂直而有禮其惟誡乎（勤以孝委曲以禮戒之）子曰改過不恡無咎者善補過也古之明王詎能無過從諫而已矣（續書有諫）故忠臣之事君也盡忠補過君失於上則臣補於下臣諫於下則君從於上此王道所以不跌也（不差跌）取泰於否易昏以明非諫孰能臻乎（言遂事亦可諫）文中子曰晉而

下何其紛紛多主也（紛不一姓）吾覩惠懷傷之（惠帝政由賈后爲趙王倫所簒懷帝蒙塵于平陽爲劉聰所害）捨三國將安取志乎（三國各有平天下之志此又明續書有志）三國何其孜孜多虞乎（雖有志而無制）吾覩桓靈傷之（漢桓帝諱志梁冀執政權傾天下靈帝諱宏黃巾賊起董卓作亂）捨兩漢將安取制乎（七制之主可以垂法此又明續書有制也）子謂太和之政近雅矣（太和後魏孝文帝年号也都洛陽文物始備故曰近雅）一明中國之有法（中國久無定主孝文立二十餘年造明堂祀圓丘置百職制定律令舉兵百萬伐江南其後宣武孝明皆能修太和之政是中國之法也）惜也不得行穆公之道（穆公虬子之祖自江南來奔太和八年始仕焉虬薦王肅及關朗未幾孝文崩虬亦卒惜其道未及行也）程元曰三教何如（儒老釋）子曰政惡多門久矣（教不一則政多門）曰廢之何如子曰非爾所及也（聖賢出則異端自去非遽能廢也）眞君建德之事適足推波助瀾縱風止燎爾（眞君後魏太武年号也時崇道教毀佛法建德後周武帝年号也毀釋老二教齊公輔政特更興之是暫廢而愈盛若波瀾風燎爾）子讀洪範讜義（安康獻公撰皇極讜義）曰三教於是乎可一矣（洪範五皇極者義貴中道爾致中和天地位焉萬物育焉人者天地萬物中和之物也教雖三而人則一矣）程元魏徵進曰何謂也子曰使民不倦（易曰通其變使民不倦）賈瓊習書至郅惲之事問於子曰敢問事命志制之別（郅惲王莽時上書曰漢祚久長神器有命不可虛受上天垂戒欲悞陛下宜即臣位莽怒脅惲令稱病惲罵曰所言皆天命也非狂人造焉莽終不敢害事者謂行事之迹也命者謂事應天命者也志者謂志蘊於心也制者謂志行於禮義者也）子曰制命吾著其道焉志事吾著其節焉（道兼天下節守一身）賈瓊

以告叔恬叔恬曰書其無遺乎書曰惟精惟一允執厥中其道之謂乎詩曰采葑采菲無以下體其節之謂乎子聞之曰凝其知書矣子曰事之於命也猶志之有制乎非仁義發中不能濟也（事與志發乎中命與制形於外）子曰達制命之道其知王公之所爲乎其得變化之心乎（已形於外則心可知矣）達志事之道其知君臣之所難乎其得仁義之幾乎（發於中則幾可得矣）子曰處貧賤而不懾可以富貴矣（無隕穫必不驕矜）僮僕稱其恩可以從政矣（恩及賤況良民乎）交遊稱其信可以立功矣（推而廣于天下）子曰愛名尚利小人哉未見仁者而好名利者也（譏時）賈瓊問君子之道子曰反是不思亦已焉哉（詩氓篇卒章也言必反復思其所行之道尚不思則已矣）子見縗絰而哭不輟者遂弔之問喪期曰五載矣子泣然曰先王之制不可越也（喪不可過必俯而就之）楚公問用師之道子曰行之以仁義（必也至仁伐不仁大義誅不義）曰若之何決勝（言仁義何能勝兵）子曰莫如仁義過此敗之招也（責其知勝人以力不知勝人以道）子見耕者必勞之（慰勞）見王人必俛之（俛俯僂避之）鄉里不騎（不騎馬）雞初鳴則盥嗽具服（內則事父母禮）銅川夫人有病子不交睫者三月人問者送迎之必泣以拜（喜懼并）子曰史傳興而經道廢矣（若史記先黃老後六經是廢也）記

註興而史道誣矣若裴松之注三國志反毀陳壽是誣也是故惡夫異端者述之而反異之薛收曰何
爲命也子曰稽之於天合之於人謂其有定於此而應於彼天時人事稽合曰命此人
事也彼天時也知人而不知天與知天而不知人皆非知命也故君子修性以合天理所以定命矣易云窮理盡性以至於命吉凶曲折無所逃
乎事有不虞之譽是時與之吉也事有求全之毁是時與之凶也蓋事與時並非人力獨能致之故委曲折旋無以逃其吉凶矣非君子孰能知
而畏之乎知天命畏天命惟君子非聖人孰能至之哉盡性以至命惟聖人薛收曰古人作元
命其能至乎元命包易書也子曰至矣易者性命之書也知易則至命賈瓊曰書無制而有命何
也魏而下續書無制而有命子曰天下其無主而有臣乎漢制以亡獨臣尚能稟命爾曰兩漢有制志
何也子曰制其盡美於卹人乎漢七主本以憂民而作制志其慙德於備物乎漢末德不
備尚有志而已薛收曰帝制其出王道乎問漢制出三王之道否乎子曰不能出也後之帝者
非昔之帝也昔之帝者以道若三五是也後之帝者以名若秦始兼帝而稱是也其雜百王之道而取帝名乎
其心正其跡譎卹人之心則正雜霸之跡則譎其乘秦之弊不得已而稱之乎天下已熟秦稱皇帝
之名故漢因之不得已而亦稱帝也政則苟簡董仲舒曰秦爲苟簡之政豈若唐虞三代之純懿乎二帝三王名實稱
是以富人則可典禮則未漢富民之術可稱長世之禮未備薛收曰純懿遂亡乎疑二帝三王之道不
可復子曰人能弘道焉知來者之不如昔也後來聖人生則道弘矣安知其無純懿之時耶子謂李靖

智勝仁程元仁勝智五行之秀有偏故五常之性有勝若木性多水性少則仁勝智推此皆然子謂董常幾於道可使變理五常具則庶幾乎聖道通變之謂道故曰變理賈瓊問何以息謗子曰無辯勿與小人辯明曰何以止怨曰無爭勿與小人爭理子謂諸葛王猛功近而德遠矣一時霸其國爲功雖近然謀及身後爲德蓋遠子在蒲蒲古中都之地隋爲河中郡聞遼東之敗大業八年九軍並陷謂薛收曰城復于隍矣易泰卦上六城復于隍勿用師其命亂也賦兔爰之卒章王國詩也桓王失信諸侯背叛卒章云我生之後逢此百凶歸而善六經之本曰以俟能者俟百姓與能者行之子曰好動者多難煬帝如此小不忍致大災隋文如此子曰易聖人之動也於是乎用以乘時矣易變易也功業見乎變吉凶生乎動變動者聖人適時之用也無變則功不可大故因貳以濟無動則吉不先見故惟幾成務存時效動易可知焉故夫卦者智之鄉也動之序也爻在卦如人居鄉逐位而動是其次序薛生曰智可獨行乎言卦爲智鄉則謂智可獨行子曰仁以守之智不以仁則易失之賊不能仁則智息矣安所行乎哉不能仁雖智無用子曰元亨利正運行不匱者智之功也元仁也亨禮也利義也正信也運之以智五常成功子曰佞以承上殘以御下誘之以義不動也凡佞人殘人不可以義誘董常死子哭之終日不絕門人曰何悲之深也曰吾悲夫天之不相道也董常弱冠而死門人亞聖者世死後無人助行周孔之道之子歿吾亦將逝矣天喪斯文我必不久生明王雖興無以定禮樂矣後唐太宗議禮樂房魏自言不備子讚易至序

卦曰大矣時之相生也達者可與幾矣（序卦輪行六十四卦也時行時止生生不窮達則至之故曰幾也）至雜卦曰旁行而不流守者可與存義矣（雜卦止說一卦也守則終之故曰義矣）子曰名實相生利用相成是非相明去就相安也（名由實生實由名顯此謂相生利在有用用則成利此謂相成是未果是有非然後明此謂相明去不安則就就不安則去此謂相安已上皆因贊易而言也）賈瓊問太平可致乎子曰五常之典三王之誥兩漢之制粲然可見矣（古道備在方冊行之可致顏子曰舜何人也余何人也有為者亦若是）文中子曰王澤竭而諸侯仗義矣（續詩所以明此變也）帝制衰而天下言利矣（續書所以救此失也）文中子曰強國戰兵（惟恃力爭）霸國戰智（不戰而屈人之兵在智）王國戰義（禁民為非不獨任智）帝國戰德（仁者無敵於天下德可知矣）皇國戰無為（神武而不殺安見其有為）天子而戰兵則王霸之道不抗矣（戰不以智與義則道不能舉）又焉取帝名乎（道不抗雖名存何取）故帝制沒而名實散矣（訿名實散則元經必為行其法也）子曰多言德之賊也（有德則不言）多事生之讎也（保生者少事）薛方士（未見傳）曰逢惡斥之遇邪正之何如子曰其有不得其死乎（責其太剛也若暴虎馮河子路終死）必也言之無罪聞之以誡（言逢惡遇邪當譎諫喻之孔子曰諫有五吾從其諷）或問韋孝寬（韋叔裕字孝寬後周武帝臣也）子曰幹矣（北齊攻雍州孝寬守之不下齊祖歸憤而崩此幹事而已）問楊愔（楊愔字遵彥北齊文宣帝之臣也）子曰輔矣（愔以朝章國令為務不幹小事而已故可稱輔相之器）宇文化及問天道人事如何（化及隋右將軍述之子也）

煬帝幸江都化及弑逆子曰順陰陽仁義如斯而已立天之道曰陰與陽立人之道曰仁與義天人相與則一故君陽臣陰陽爲仁
陰爲義此人事所以一天道也化及有無君之心故云守仁義以戒之爾賈瓊爲吏以事楚公隋三公府皆自署吏未君命故云事楚公
將行子餞之瓊曰願聞事人之道子曰遠而無介恭而遠之無傷介就而無諂
泄就其身不苟言貌汎乎利而諷之無闕其捷汎汎因所利而諷之勿辯捷自取禍瓊曰終身誦之子
曰終身行之可也不惟事人也處世盡宜然子曰元經其正名乎正帝名皇始之帝徵
天以授之也皇始後魏道武年號也始有中原建天子旌旗得正統此天授之也晉宋之王近於正體東晉至劉宋中
國無真主則江南以爲正體故曰近於是乎未忘中國晉宋皆舉兵中原有復一之志穆公之志也晉陽穆公作政大論
言帝王之道元經所以帝元魏而斥齊梁蓋其志也齊梁陳之德僭德斥之於四夷也以明中國之有代
太和之力也後魏孝文太和元年宋蒼梧王元徽五年也時江南衰替中國始尊子曰改元立號非古也漢文帝始
改中元後元年號其於彼心自作之乎彼漢以心自改之之可也非古也或問志意修驕富貴道義
重輕王侯如何此荀卿子言也下句云內省而外物輕矣子曰彼有以自守也處士橫議非天下公言自守此說而已凡
聖人之道無所驕無所輕薛生曰和殤之後帝制絶矣元經何以不興乎和帝在位十歲竇憲不軌
殤帝二歲鄧后臨朝且此時漢制已絶何爲於此不續元經以振王法乎子曰君子之於帝制并心一氣以待也
以待其復興也傾耳以聽拭目而視待之極也故假之以歲時自和殤綿綿至桓靈假歲時而終不復興桓

靈之際帝制遂亡矣（曹操舉兵吳蜀繼作孝獻禪魏漢制乃絕）文明之際魏制其未成乎（魏文帝明帝未能平吳蜀一制天下）太康之始書同文車同軌（晉武太康元年平吳天下同一）君子曰帝制可作矣而不克振（太康三年劉毅比帝爲桓靈蓋帝制尋大壞矣）故永熙之後君子息心焉曰謂之何哉（太康十一年武帝崩楊駿矯詔輔政改元永熙賈后殺駿天下大亂）元經於是不得已而作也（上無王法故君子作賞罰以戒亂臣賊子豈好辯哉誠不得已也）文中子曰春秋作而典誥絕矣（孟子曰王者之迹熄然後詩亡詩亡然後春秋作）元經興而帝制亡矣（元經作於續書續詩之後）文中子曰諸侯不貢詩（古者列國歌頌皆貢于王若魯季孫行父請命于周是也）天子不採風（古有採詩之官）樂官不達雅（古爲詩樂爲歌以合雅道）國史不明變（國史明乎得失之迹）嗚呼斯則久矣（自仲尼歿詩存空文而其實廢矣）詩可以不續乎（漢而下風化不傳於詩故君子不可不續）

中說卷第五

中說卷第六

禮樂篇

阮逸注

子曰吾於禮樂正失而已正禮樂公華之文而已如其制作以俟明哲必也崇貴乎王道盛則可以制禮作樂明哲君子必得公輔崇貴之位乃助成王道也賈瓊薛收曰道不行如之何子曰父母安之兄弟愛之朋友信之施於有政道亦行矣奚謂不行亂世道不能濟天下則修身以正家可矣子謂任薛王劉崔盧之昏非古也何以視譜古者氏族家譜所以標門地謹昏姻也任姓出黃帝六代孫大王薛姓出黃帝六代孫奚仲居薛此二姓同譜王姓出舜之後封於劉至漢有王於齊者號王氏此二姓同譜崔姓帝嚳姜嫄之後居崔邑盧姓亦姜姓之後居盧國此二姓同譜皆古禮不通昏也文中子曰帝之不帝久矣百王稱帝者相沿前代號也自秦始皇始故曰不帝久矣王孝逸曰敢問元經之帝何也三代稱王故春秋書王以尊天子稟正朔也秦漢稱帝則元經書帝以尊中國而明正統也子曰絜名索實此不可去舉後帝之名者貴存前帝之實也中國天子不可去此號其為帝實失而名存矣實道也名空號爾或問謝安子曰簡矣謝安字安石為東晉相處富貴而獨退靜破符堅而無喜色終優游東山此簡可見矣問王導子曰敬矣王導字茂弘事晉元明成三帝為相每進爵必拜元帝山陵此恭可見矣問溫嶠子曰毅人也嶠字太真與王導平王敦蘇峻之亂皆有功初鎮武昌聞國難泣涕率兵來赴天子留嶠輔政嶠讓王導此果毅可知矣問桓溫子曰智近謀遠鮮不及矣溫字元子為晉將軍破李勢平符健有功為大都督又北伐不已為慕垂

所敗歸而潛有篡志此智近謀遠之驗賈瓊問羣居之道子曰同不害正異不傷物外雖
同而內必正內雖異則外無傷此中庸者乎曰可終身而行乎子曰烏乎而不可也烏何也古之
有道者內不失真而外不殊俗夫如此故全也知道可與適道者也不失真可與立者也不殊俗可與
權者也三者備何往不全繁師玄曰敢問稽古之利子曰執古以御今之有乎今之有利者皆
古有之矣故必稽古子曰居近識遠處今知古惟學矣乎孔子曰吾非生而知之好古敏以求之子曰恭
則物服儼然人望而畏之慤則有成先誠其意平則物化無私於物物亦公焉子曰我未見平者
也隋政多私或曰君子仁而已矣何用禮為子曰不可行也行仁必以禮節之或曰禮
豈為我輩設哉阮籍云子不答既而謂薛收曰斯人也旁行而不流矣
旁行一隅不知流通之變安知教意哉有若謂先王之道斯為美也有若孔子弟子文中子
曰七制之主道斯盛矣七制注見上薛收曰何為其然子曰嗚呼惟明王
能受訓續書有訓收曰無制而有訓何謂也子曰其先帝之制未亡乎夫
臣之命尚正乎若孝武之制未亡霍光之命尚正則可以訓前漢諸帝也光武之制未亡桓榮之命尚正則可以訓後漢諸君也無制而
有訓天下其無大過矣否則蒼生不無大憂焉若昌邑王不廢東海王不讓則必有兵爭起而
生民憂也薛收曰讚其非古乎續書有讚子曰唐虞之際斯為盛大禹皋陶所

以順天休命也（益贊于禹又臯陶曰贊贊襄哉）文中子曰議天子所以兼采而博聽也（續書有議）唯至公之主爲能擇焉（公朝共議擇善而從）文中子曰誡其至矣乎（續書有誡）古之明王敬慎所未見悚懼所未聞刻於盤盂（盤銘云德日新荀子曰君者盤也水者民也盤圓則水圓君者盂也盂方則水方）勤於几杖（杖銘云扶危定傾皆戒也）居有常念動無過事其誡之功乎（常念日新扶危之誠自無過）薛收曰諫其見忠臣之心乎（續書有諫）其志直其言危（志直若周昌云口不能言心知不可是也言危若樊會云陛下獨不見趙高之事乎是也）子曰必也直而不迫危而不詆其知命者之所爲乎（不迫若賈誼曰今之進言者皆云天下治臣獨以爲未是也知命爲知其君可諫則諫進退不違天命也）狡乎逆上吾不與也（狡謂志不直也言不危也非忠順故曰逆）賈瓊曰虐哉漢武未嘗從諫也子曰孝武其生知之乎雖不從未嘗不悅而容之（子言漢武大體生知不由人諫而理也君初即位崇太學立明堂黜百家策賢良雄才大略此皆天縱也如汲黯之許方朔之滑稽雖未聽亦能容之矣）故賢人攢于朝直言屬於耳斯有志於道故能知悔而康帝業（賢人若仲舒申公枚臯相如嚴樂葦是也此數子每大臣奏事則皆辯論之是攢于朝屬於耳也晚年下詔覺用兵之悔封丞相田千秋爲富民侯是知悔而帝業康也）可不謂有志之主乎（續書所以有志）子曰姚義之辯李靖之智賈瓊魏徵之正薛收之仁程元王孝逸之文加之以篤固（七子各得一長更能敦篤則固）申之以禮樂可以成人矣（既固矣必能成之禮樂通才然後及也）子謂京房郭璞

古之亂常人也（京房字君明習災變之學以封直日用事本姓李氏而輒自推律改爲京氏郭璞字景純好陰陽筭術被髮銜刀竟坐誅二子並乖正經亂人倫者也）子曰冠禮廢天下無成人矣昏禮廢天下無家道矣（士冠昏禮二十而冠三十而昏成人正家不可廢也）喪禮廢天下遺其親矣祭禮廢天下忘其祖矣（亦言士喪祭禮也孟子曰未有仁而遺親也又曰祭必自其祖）嗚呼吾未如之何也已矣（傷時廢此四禮）越公問政子曰恭以儉（楊素驕侈故規之）邳公問政（蘇威封邳國公爲僕射）子曰清以平（威以老臣貴位引其子夔預朝政非清白公平也故亦規之）安平公問政（李德林封安平郡公）子曰無鬭人以名（德林文學擅名然多自負見毀于時故規之使無鬭名）子謂薛收賈瓊曰春秋元經其衰世之意乎義直而微言曲而中（直微曲中蓋權行取中）越公初見子遇內史薛公曰公見王通乎（楊素問薛道衡）薛公曰鄉人也（並家河東）是其家傳七世矣（家傳儒業）皆有經濟之道而位不逢（不逢明時）越公曰天下豈有七世不逢乎薛公曰君子道消十世不逢有矣（若孔子自弗父何嗣厲公及正考甫佐戴武宣公至孔父嘉云殤公至仲尼凡三百年不遇明時三十年爲一世）越公曰奚若其祖公曰王氏有祖父焉有子孫焉雖然久於其道鍾美於是也是人必能敘彝倫矣（六經續而彝倫敘）子出自蒲關（自長安出蒲州龍門關北歸晉）關吏陸逢止之曰未可以遯我生民也（陸逢賢人隱於關吏）子爲之宿翌日而行（子知其賢意在生民故特爲宿未忍去）陸逢送子曰行矣江

湖鱣鯨非溝瀆所容也聖道大非羣小所知程元曰敢問風自火出家人何也易彖子曰明內而齊外離明巽齊故家道正而天下正治國者先齊家子曰仁義其教之本乎立人之道曰仁與義是謂教本先王以是繼道德而興禮樂者也韓愈曰仁與義為定名道與德為虛位然則道德者本仁而中和之所以為禮樂也子曰禮其皇極之門乎聖人所以嚮明而節天下也嚮門南向使人出入而節限內外其得中道乎解上文皇極義故能辯上下定民志上不偪下下不僭上人志自定是中也或問君子子曰知微知章知柔知剛易繫辭曰君子不器何如子曰此之謂不器即此微章柔剛是不器文中子曰周齊之際王公大臣不暇及禮矣北齊高洋至高緯二十八年後周自宇文覺至介國公二十五年日尋干戈雖有名臣豈暇及禮哉獻公曰安康獻公天子失禮則諸侯脩於國諸侯失禮則大夫脩於家周東遷邦禮喪韓宣子適魯曰周禮在魯矣此諸侯脩於國也魯自三家專政八佾舞庭孔子自衛反魯乃定禮樂此大夫脩於家也禮樂之作獻公之志也禮論樂論蓋推獻公之志而作程元問六經之致續經子曰吾續書以存漢晉之實續書起於漢高祖止晉武帝續詩以辯六代之俗六代詩見上修元經以斷南北之疑晉東遷故南朝推運曆者因以齊梁陳為正統後魏據中原故北朝推運曆者以北齊周隋為正統於是南北二史夷虜相稱而天下疑矣元經者所以尊中國中國無主則正統在晉宋中國有主則正統歸魏周讚易道以申先師之旨申明十翼也正禮樂以旌後王之失後王有不合周公制作者則論而正之如斯

而已矣程元曰作者之謂聖述者之謂明天子何處乎（處居中）子曰吾於道屢伸而已（言我亦不作亦不述蓋以微言絕大義乖則我再三伸明之爾）其好而能樂勤而不厭者乎（言我但好學不厭而已）聖與明吾安敢處（不敢當程元所言）子曰有坐而得者有坐而不得者有行而至者有不行而至者（老子曰坐進此道書曰行之惟艱坐之行之一也而有得有不得有至有不至此言人性差殊各由所習遂相遠也）子曰見而存（因所見而存諸心）未若不見而存者也（不待見而心常存之猶言不勉而中不言而信也）子曰君子可招而不可誘（可以禮招不可以機誘）可弃而不可慢（弃謂道不同慢謂傷名敎）輕譽苟毀好憎尚怒小人哉（四者任情）子曰以勢交者勢傾則絕以利交者利窮則散故君子不與也（不與之交）子謂薛收善接小人遠而不疎近而不狎頹如也（頹如不矜持之貌）子遊汾亭坐鼓琴（君子不去琴瑟）有舟而釣者過曰美哉琴意（釣隱者也聞琴知意）傷而和怨而靜（傷怨和靜乃緩傷綏調也）在山澤而廊廟之志非太公之都磻溪則仲尼之宅四濱也（時亂賢人隱於野）子驟而鼓南風釣者曰嘻非今日事也道能利生民功足濟天下其有虞氏之心乎不如舜自鼓也聲存而操變矣（所傳南風聲則存矣而所操者之情則變而不類）子遽捨琴謂門人曰情之變聲也如是乎起將延之釣者搖竿鼓枻而逝門人追之子曰無

追也播鞉武入于河擊磬襄入于海固有之也掌鞉掌磬之官武襄是其名也魯哀公時禮壞樂崩樂人皆去遂志其事作汾亭操焉文中子撰此操子之夏城絳州有夏城縣薛收姚義後遇牧豕者問塗焉牧者曰從誰歟薛收曰從王先生也牧者曰有鳥有鳥則飛于天有魚有魚則潛于淵一本作泉後人避唐諱也知道者蓋默默焉牧者亦隱士也意謂魚鳥尚得其所知道者何不默而遁子聞之謂薛收曰獨善可矣斥牧者不有言者誰明道乎既云知道即不可獨善其身必當言于天下使明而行焉子不相形不可以貌取人不禱疾无妄之疾勿藥有喜不卜非義不疑何卜子曰君子不受虛譽不祈安福不避死義三者常德也文中子曰記人之善而忘其過溫大雅能之深而弘能容物處貧賤而不懾魏徵能之直而遂能強立聞過而有喜色程元能之好學亂世羞富貴竇威能之好禮儉肅慎密不出董常能之知時陳叔達謂子曰吾視夫子之道何其早成也子謁隋文帝時年二十一是早成子曰通於道有志焉又焉取乎早成耶言志學於道非務早成叔達出遇程元竇威於塗因言之程元曰夫子之成也吾儕慕道久矣未嘗不充欲焉所問道必充其欲遊夫子之門者未有問而不知求而不給者也凡登門者皆充欲詩云實獲我心蓋天啓之非積學能致也言早成亦非志學蓋天縱生知爾子聞之

曰元汝知乎哉天下未有不學而成者也必須學或問長生神仙之道子曰仁義不修孝悌不立奚爲長生苟不仁不孝長生何爲甚矣人之無厭也秦皇漢武無厭妄求或問嚴光樊英名隱光字子陵少與漢光武同學除爲諫議不就耕於富春山釣於瀨上樊英字季齊明經善推步之術順帝徵不出隱於壺山此並不求名而隱故曰名隱子曰古之避言人也避毀譽之言而已問東方朔朔字曼倩漢武帝時爲郎諸郎呼爲狂人醉歌曰陸沈於俗避世金馬門子曰人隱者也詭迹混俗不自求別於衆人故曰人隱子曰自太伯虞仲已來天下鮮避地者也古公長子太伯次虞仲少季歷季歷子昌有聖瑞太伯虞仲知立季歷以及昌於是如荊吳以讓季歷一云虞仲乃仲雍之孫也君於吳後武王克商封虞仲於周未知孰是言二人皆奔之遠地以避賢君故曰避地仲長子光天隱者也無往而不適矣因言數人其隱則一而道德相懸或藏名或混俗或讓國皆執一有迹也惟天隱浩然太虛孰爲名孰爲俗孰爲國惟變所適人不能知是天隱也子曰遁世無悶其避世之謂乎避世即天隱也生世間治則彰亂則晦樂則行憂則違適時而已又何悶哉此與名隱人隱地隱異矣非夫無可無不可不能齊也可不可齊致則成天隱文中子曰小雅盡廢而春秋作矣四夷交侵故春秋作以尊中國小化皆衰而天下非一帝續詩有大化小化亦大小雅之義也及其衰也四夷僭帝號故曰非一帝元經所以續而作者其衰世之意乎救世衰故續春秋之法子在絳出于野遇陳守叔達時爲絳郡守曰夫子何之乎子曰將之夏絳州夏城縣陳守令勸吏息役慮其師見役民董常聞之曰吾知夫子行國矣未嘗虛行也漢置八使行國

以觀天下風俗文中子一布衣出行而郡守息役是不虛行也賈瓊事楚公困讒而歸以告子楚公注見上子曰瓊汝將閉門却掃歟不知緘口而內修也古人杜門却掃者義在緘口靜其內也瓊未達古人之意焉將謂眞閉門仲長子光曰在險而運奇不若宅平而無爲運奇一時之用無爲長世之圖文中子以爲知言言得大者遠者文中子曰其名彌消其德彌長其身彌退其道彌進此人其知之矣此人即謂仲長子光也退宅平無爲則知消長進退之極致也子曰知之者不如行之者苟不能行猶不知行之者不如安之者委物以能不勞聰明安然而事自行此亦廣上文無爲之義仲長子光字不曜董常字履常子曰稱德矣子之叔弟績字無功子曰字朋友之職也朋友呼而字之非自立也神人無功非爾所宜也常名之績終號無功子自作傳云弃官不仕季弟名靜薛收字之曰保名子聞之曰薛生善字矣靜能保名有稱有誡薛生於是乎可與友也表德則稱之末有可稱則誡之蓋益友矣

中說卷第六

中說卷第七

述史篇　　阮逸注

子曰：太熙之後，述史者幾乎罵矣，故君子沒稱焉。太熙晉惠帝元年也已後至十六國載記及南北史有索虜島夷之呼如詬詈焉楚公作難，賈瓊去之。楚難注見上子曰：瓊可謂立不易方矣。常卦象云也瓊事楚公不預事溫彥博問知，子曰：無知。彥博本以多知爲問子荅以無知是知也問識，子曰：無識。不言如愚彥博曰：何謂其然？子曰：是究是圖，亶其然乎。常棣詩箋云汝深謀之誠如是矣彥博退告董常，常曰：深乎哉！此文王所以順帝之則也。大雅皇矣篇云不識不知順帝之則

子曰：詩有天下之作焉，謂大雅有一國之作焉，謂國風有神明之作焉。謂頌吳季札曰：小雅其周之衰乎？豳其樂而不淫乎？左傳襄二十九年吳季札聘魯觀周樂聽小雅曰思而不貳怨而不言其周德之衰乎聞周南召南曰勤而不怨聽豳曰樂而不淫子曰：孰謂季子知樂？小雅烏乎衰？其周之盛乎。烏何也小雅自鹿鳴至菁菁者莪皆言先王之德也故天保已上治內采薇已下治外後王能修先王之政仲尼刪詩謂雖不及先王之大然亦不失其政故曰小雅言政之小者也季子所聽云思而不貳怨而不言則不謂變雅者也幽厲之世國異政家殊俗斯變雅作矣然有先王之遺民不敢怨貳亦由先王盛德使然文中子曰周之盛也何衰乎豳烏乎樂？其勤而不怨乎。季子言周南召南勤而不怨蓋古文俣也當謂豳詩爾案周南關雎樂而不淫豳實無樂文中子辯季札必知樂此文之悮耳

子曰：太和之主有心哉。後魏孝文帝賈瓊曰：信美

矣子曰未光也有心於治美矣未成化是未光文中子曰元經作君子不榮祿矣易否卦天地不交否君子以儉德避難不可榮以祿言晉惠而下否矣故元經作董常習書續書告於子曰吳蜀遂忘乎續書有魏而無吳蜀子慨然歎曰通也敢忘大皇昭烈之懿識孔明公瑾之盛心哉吳主孫權謚大皇帝蜀主劉備謚昭烈皇帝蜀相諸葛亮字孔明吳相周瑜字公瑾懿識謂能任賢也盛心謂亮云普天之下莫匪漢民瑜云曹公託名漢相實漢之賊是也董常曰大哉中國五帝三王所自立也五帝少昊都曲阜顓頊都濮陽帝嚳都亳堯都冀舜都蒲三王夏都安邑湯都亳周都雍洛皆中原之國也衣冠禮義所自出也故聖賢景慕焉春秋以中國爲法中國有一聖賢明之中國有並並謂吳蜀是也聖賢除之耶除吳蜀子曰噫非中國不敢以訓周孔之志董常曰元經之帝元魏何也元經紀年書帝春正月起晉惠帝止東晉及宋未忘中國故帝之至齊梁則中國有元魏故帝魏矣子曰亂離斯瘼吾誰適歸詩四月篇云亂離瘼矣爰其適歸箋云今政亂憂病必有之歸天地有奉生民有庇即吾君也必君元魏且居先王之國都洛者受先王之道建明堂修典禮子先王之民矣子文中子自謂言子自晉陽穆公已來事魏故曰先王之民謂之何哉何爲不帝董常曰敢問皇始之授魏而帝晉何也魏太祖入長安始有中原是歲丙申皇后元年當東晉孝武帝盡太元二十一年也然元經尚以安恭紀年子曰主中國者將非中國也晉主中國至孝武帝名存而實去矣故曰非中國我聞有命未敢以告人楊之水篇云也聞有善政之命未敢告動民心去之則猶傷之者也傷

之者懷之也 雖實去尚追懷之 董常曰敢問卒帝之何也 魏至孝文方得紀帝 子曰貴其時大其事於是乎用義矣 天時人事盛大而帝之得其宜也 子曰穆公來王肅至而元魏達矣 穆公虬宋順帝升明二年奔魏王肅字恭懿齊明帝建武四年亦奔魏並魏孝文時也虬爲晉陽太守肅爲平南將軍皆預國政虬累薦肅肅制典章律令故曰達矣 子曰非至公不及史也 以先王爲公 叔恬曰敢問元經書陳亡而具五國何也 書隋九年春帝正月晉宋齊梁陳亡 子曰江東中國之舊也衣冠禮樂之所就也永嘉之後江東貴焉 晉懷帝永嘉二年瑯耶王叡自徐州移鎮建業中國衣冠往依焉 而卒不貴 貴猶與也 無人也 元明成三帝二十餘年賴王導爲之輔康穆之世桓溫專政晉祚中微至孝武朝賴謝安爲之佐江東復振安卒後桓玄篡位劉裕興焉是無多賢人使然 齊梁陳於是乎不與其爲國也 宋嘗有樹晉之功君子猶與之也至齊梁陳無復念中國但自相篡立故曰不與其爲國也 及其亡也君子猶懷之 齊梁陳亡君子猶懷晉宋 故書曰晉宋齊梁陳亡具五以歸其國 歸晉舊國 且言其國亡也 春秋書晉梁亡言自亡也江東亦然不任賢不修典禮尚淫靡之文自取亡國故曰自亡 嗚呼弃先王之禮樂以至是乎 南朝喪弃古道 叔恬曰晉宋亡國久矣今具之何謂也子曰衣冠文物之舊君子不欲其先亡宋嘗有樹晉之功有復中國之志 宋祖劉裕平桓玄盧循此樹晉功也伐南燕擒慕容超伐後秦姚泓平洛陽修謁五陵留子義真守長安此復中國志也 亦不欲其先亡也故具齊梁陳以歸其國也其未亡則君子奪其國焉曰

中國之禮樂安在（齊梁陳不修禮樂但自謀立故君子至公及史以其末亡而必奪之也）其已亡則君子與其國焉曰猶我中國之遺人也（已亡謂晉宋禮樂猶存先王之化衣冠猶有中國之人故君子及史雖其已亡而必與之也）叔恬曰敢問其志文中子泣然而興曰銅川府君之志也通不敢廢（銅川子之父也著興衰要論言六代得失此其志也）書五國並時而亡蓋傷先王之道盡墜故君子大其言極其敗於是乎掃地而求更新也期逝不至而多爲卹（杕杜篇云匪載匪來憂心孔疚期逝不至而多爲恤逝往也恤憂也言君子未來我憂恤之往不可期其來至而徒多日爲病也文中子喻己懷先王之道亦猶此詩爾）汝知之乎此元經所以書也（所以書五國皆亡也）文中子曰漢魏禮樂其末不足稱也（末謂末節也）然書不可廢尚有近古對議存焉（續書有對議問對若高貴鄉公問諸儒經義淳于俊馬昭等對曰三五以德化民三王以禮爲治是也議若夏侯玄議時事曰銓衡專臺閣上之分孝悌閭里下之分是也）制誥詔冊則幾乎典誥矣（制發於君心也誥臣下誌君之善也誥君告于下也冊君求于賢也皆近於二典九誥）薛收問仁子曰五常之始也（五常一曰仁在乾四德爲善長在孟子四端爲惻隱）問性子曰五常之本也（本謂善也孟子曰人性無不善孔子曰繼之者善也成之者性也）問道子曰五常一也（性善其道一也禮曰率性之謂道）賈瓊曰子於道有不盡矣乎（言夫子以門人不可教而夫子不盡以道教之乎）子曰通於三才五常有不盡者神明殛也（責賈瓊不知心也言三才五常之道有爲之教吾盡之矣如要無爲則退藏於密不能盡焉）或力不足者斯止矣（智不及則有不

盡焉故不敘爾也此謙辭 裴晞問穆公之事 續書有此篇名事則未詳 子曰舅氏不聞鳳皇乎覽德暉而下何必懷彼也 晞文中子之舅也鳳翔千仞有德則來無德則去 叔恬曰穆公之事蓋明齊魏 言續書之事非為穆公而已蓋明南齊魏國君子振鳳翮而去之穆公所以來魏也 裴晞曰人壽幾何吾視仲尼何其勞也 應聘列國未嘗暫暇 子曰有之矣其勞也敢違天乎 仲尼誠有此勞也然天行健君子自強不息豈敢違天 焉知後之視今不如今之視昔也 子自謂我勤道亦勞也然後人視我亦將幾人壽幾何也 溫大雅問如之何可使為政 子曰仁以行之寬以居之深識禮樂之情 若周公是也 敢問其次 子曰言必忠行必恕鼓之以利害不動 若孟軻是也 又問其次 子曰謹而固廉而慮齪齪焉自保不足以發也 若伯夷叔齊是也 子曰降此則穿窬之人爾 苟無周公之深識孟軻之不動又無伯夷叔齊之謹固則是竊禄如穿窬者爾 何足及政抑可使備員矣 若漢之張禹魏之鍾繇晉之張華之類備員相位實非及民之政也 子曰宗祖廢而氏姓離矣朋友廢而名字亂矣 大宗小宗同尊其祖所以親族不離朋友相字以表其德所以稱謂不亂 內史薛公謂子曰吾文章可謂淫溺矣 薛道衡自謂淫文溺於所習 文中子離席而拜曰敢賀丈人之知過也 薛公因執子手喟然而詠曰老夫亦何冀之子振頹綱 詠古詩也頹綱謂六朝文弊 子將之陝 河南陝縣唐置陝州 門人從者鏘鏘焉被于路子止之曰散矣不知我

者謂我何求門人乃退（黍離詩曰知我者謂我心憂不知我者謂我何求）子謂賀若弼曰壯于趾而已矣（大壯初九壯于趾征凶言居下用剛也）子曰天下未有不勞而成者也（孟子曰君子勞心小人勞力）賈瓊問正家之道子曰言有物而行有常（荅以家人卦大象詞）王孝逸謂子曰蓋說乎（游說）子曰嗚呼言之不見信久矣（困卦繇云有言不信周公之詞也故曰久矣）吾將正大人以取吉尚口則窮也且致命遂志其唯君子乎（困卦繇云正大人吉象曰正大人吉以剛中也有言不信尚口乃窮也象曰君子以致命遂志言命雖致困志必遂通）文中子曰春秋其以天道終乎故止於獲麟（麟不遇時天命窮矣）元經其以人事終乎故止於陳亡（先王之道掃地而求更新是人事極矣）於是乎天人備矣（春秋王次春正次王是天人之道參焉孔子因天命之窮仲淹因人事之極天人之道一也）薛收曰何謂也子曰天人相與之際甚可畏也（此董仲舒解春秋云也）故君子備之子曰可與共樂未可與共憂可與共憂未可與共樂吾未見可與共憂樂者也（樂謂守成也治成則與民同樂憂謂慮始也事初則與民同患凡可與守成者難與慮始若成王初疑周公是也可與慮始不可與守成若范蠡終逆句踐是也有始有卒難全也哉）二帝三王可與憂矣（堯禪舜舜禪禹天下共樂矣湯伐桀武王伐紂天下共憂矣憂樂皆以天下故文中子以天下之道共與而言之也）子曰非君子不可與語變（變權也反經合道之謂也孔子曰可與適道未可與權）子讚易至于革歎曰可矣其孰能爲此哉（大業可革）至初九曰吾當之矣

又安行乎華初九曰鞏用黃牛之革象曰不可以有為也薛收問一卦六爻之義子曰卦也者著
天下之時也關氏易傳曰乾坤屯濟四卦時之門變之開闔也餘六十卦為六十時而小言之六時而已爻也者效天下
之動也爻效也趨時有六動焉吉凶悔吝所以不同也一卦一時之動適時則吉失時則凶收
曰敢問六爻之義子曰六者非他也三才之道誰能過乎天時人事不過乎六關氏
易傳曰六者天地主成之謂也程元薛收見子子曰二生之學文奚志也對曰尼父之
經夫子之續不敢殆也殆怠同子曰允矣君子展也大成車攻詩云也允信展誠也大成謂致
太平居而安動而變可以佐王矣居而安可與立也動而變可與權也董常之喪子赴洛常死在洛
道於沔池河南有沔池縣唐置穀州主人不授館子有飢色坐荊棘間讚易不輟
也謂門人曰久矣吾將輟也輟讚易而書未獲未獲已不知今也而通大
困而不憂窮而不懾通能之斯學之力也主人聞之召舍具餐焉世俗
亦知非常人賈瓊請絕人事子曰不可請接人事子曰不可絕之接之是執一端瓊曰然
則奚若子曰莊以待之信以從之去者不追來者不拒泛如也斯可
矣亂世當如此文中子曰賈誼夭孝文崩則漢祚可見矣賈誼年十八上書孝文帝謂才堪卿
相然未及大用而誼夭帝崩使漢祚不及三代之永誠以此爾子曰我未見謙而有怨亢而無辱惡而不

彰者也（三者必然之理）董常曰子之十二策奚禀也子曰有天道焉有地道焉有人道焉此其禀也（策今亡）董常曰噫三極之道禀之而行不亦煥乎（極者謂動也）子曰十二策若行于時則六經不續矣董常曰何謂也子曰仰以觀天文俯以察地理中以建人極吾暇矣哉（足得無爲）其有不言之教行而與萬物息矣（堯民曰日出而作日入而息帝何力於我哉是也）文中子曰天下有道聖人藏焉（閑暇故藏）天下無道聖人彰焉（辯不得已）董常曰願聞其說子曰反一無跡庸非藏乎（反一謂反復一性也復靜則萬慮何有老子曰歸根曰靜是也無跡謂無形也無形聖人所以藏諸用蓋不言之教也）因貳以濟能無彰乎（貳謂異端也異端乖乎大義我則闢之爾如尼父因史法之貳作春秋以濟之孟子因邪說之貳舉仁義以濟之文中子因亂華之貳尊元經以濟之蓋有爲之典也）如有用我者當處於太山矣（太山魯國周公禮樂之地文中子周之後故慕焉一說太山黃帝有合宮在其下可以立明堂之制焉）董常曰將沖而用之乎（沖虛也老子曰道沖而用之言子不求官達而思慕太山黃帝周公之道是將假沖虛爲詞乎）易不云乎易簡而天地之理得矣（易簡言無爲也道沖用則知子之志有不可爲矣）杜淹問七制之主子曰有大功也（注見上）問賈誼之道何如子曰羣疑亡矣（易睽卦曰遇雨則吉羣疑亡也誼上書文帝曰漢興二十餘年當更秦之法定官名興禮樂又對鬼神之事君臣相和如遇雨吉矣此其道也）或問楚元王子曰惠人也（惠才惠也元王名交好書多才常與魯申公白公穆生同受詩作傳曰元王詩又穆生不飲酒王設醴待之是惠也）問河間

獻王子曰智人也智謂能周防也獻王名德好收書與朝廷等是時淮南王亦好書多招浮辯獻王修禮樂服儒術帝策問三十餘事王對以道術得事之中立是智也問東平王蒼子曰仁人也仁謂樂善也王名蒼明帝重之位三公上蒼意不安上號歸藩帝問處家何樂蒼曰爲善最樂是仁也問東海王強子曰義人也光武太子名強母郭后有罪廢而強不自安乞歸藩光武不忍遲迴數年方許之遂封東海大國後明帝立蓋強讓之也故曰義保終榮寵不亦宜矣言四王皆善終有惠智仁義子曰婦人預事而漢道危乎呂后梁后產祿之擅權冀之跋扈終危漢也大臣均權而魏命亂矣司馬宣王與曹爽爭權相傾終亂魏也儲后不順而晉室隳矣惠帝東太子遹未加師訓而立果隳晉祚此非天也人謀不臧咎矣夫天謂曆數也人謂典禮也漢魏晉曆數不及三代者典禮不修故也此是人謀不臧之咎

中說卷第七

中說卷第八

魏相篇

阮逸注

子謂魏相眞漢相識兵略達時令遠乎哉魏相字弱翁學易道舉賢良爲漢宣帝相諫伐西域是識兵略作明堂月令議是達時令也子曰孰謂齊文宣瞢而善楊遵彥也北齊文宣帝高洋即位以法御下以功業自矜而瞢於爲政然善待楊遵彥又似非瞢楊愔字遵彥事跡注見上謂孝文明吾不信也後魏孝文帝元氏名宏都洛陽文物制度始備然有王肅不能用有爾朱榮不能圖似不明也謂爾朱榮忠吾不信也榮字天寶有戰功爲都督將軍害靈后及少主而奉莊帝恐其難制也手刃殺之謂陳思王善讓也能汙其迹可謂遠刑名矣醉酒馳馬是迂迹也求小責免大患是遠刑也人謂不密吾不信也皆謂植以才自顯不知汙迹保晦其心密矣董常問古者明而不視聰而不聞有是夫古知道者視聽不用耳目故問子曰又有圓而不同方而不礙直而不抵抵訐也曲而不佞者矣廣推其類終乎中道常曰濁而不穢清而不皎剛而和柔而毅可乎常問一知十子曰出而不聲隱而不沒用之則成捨之則全吾與爾有矣既從言其道故終顯其志子遊馬頰之谷遂至牛首之谿晉州有馬頰河牛首山登降信宿從者樂姚義竇威進曰夫子遂得潛乎潛隱也子曰潛雖伏矣亦孔之炤詩正月篇也箋云喻賢人道不行雖潛伏亦甚易見威曰聞朝廷有召子議矣大業十一年再徵皆不至

子曰彼求我則如不我得執我仇仇亦不我力箋云彼王求我如不得言禮命多也仇仇謷謷也雖執留我然不鬬我功力姚義曰其車既載乃求爾輔箋云車載物喻王之任國事也弃其輔遠賢也賈威曰終踰絕險曾是不億箋云車度險曾不爲意乎喻治國亦然子喟然遂歌正月終焉感愴長言之終其意也既而曰不可爲矣言墮必亡不可救子曰書以辯事詩以正性言常道在乎事思無邪在乎性禮以制行行不可縱必禮以制之樂以和德德不可苦必樂以和之春秋元經以舉往仲尼舉周公之典禮仲淹修孔父之筆法是往也易以知來生生不窮是來也先王之蘊盡矣蘊奥賾也王孝逸曰惜哉夫子不仕喆人徒生矣賈瓊曰夫子豈徒生哉以萬古爲兆人五常爲四國三才九疇爲公卿又安用仕董常曰夫子以續詩續書爲朝廷禮論樂論爲政化賛易爲司命元經爲賞罰此夫子所以生也叔恬聞之曰孝悌爲社稷不言爲宗廟無所不知爲富貴無所不極爲死生天下宗之夫子之道足矣雖生亂世而門人能宗其教以行於天下生亦足矣賈瓊曰中山吴欽天下之孝者也吴欽史傳不顯其處家也父兄欣欣然其行事也父兄焦然若無所據欣悦也焦猶孑也孑然如無依據言事自集子曰吾黨之孝者異此設此以譏彼之非其處家也父母晏然晏安也言不欣嗃而自安其行事也父兄恬然若無所思無思言無事也安用

據哉 裴嘉有婚會 裴嘉未見 薛方士預焉 方士未見 酒中而樂作方士非之而出 士婚禮三日不舉樂 子聞之曰薛方士知禮矣然猶在君子之後乎 孔子言先進於禮樂謂情生禮樂之前也後進於禮樂謂文修於禮樂之後也方士不先爲語之而後非之無益也故禮則然矣而用之何不從先進 文中子曰元經有常也所正以道於是乎見義 常經也經正則義存若五始不可移易是也 元經有變所行有適於是乎見權 公羊傳曰反經合道爲權言順時有適不執常道若與奪南北以尊中國是也 權義舉而皇極立矣 取衷義見上 董常曰夫子六經皇極之能事畢矣 董常知六經一貫而道皆歸乎大中也 文中子曰春秋一國之書也 周室一國 其以天下有國而王室不尊乎故約諸侯以尊王政 約天以禮法 以明天命之未改此春秋之事也 天命在周未改 元經天下之書也 罷侯置守天下爲一國 其以無定國而帝位不明乎 無定國謂南北分各無一定也不明謂僭號作也 徵天命以正帝位以明神器之有歸此元經之事也 天命不改則周室以一國爲春秋天命有歸則晉宋魏周隋合天下爲元經文體雖殊其志一也 董常曰執小義妨大權春秋元經之所罪歟 上文云權義舉而皇極立董常推此意以爲義大權小則正以義歟或義小權大則適乎權歟 子曰斯謂皇之不極 執小妨大是大之不中也故必執大弃小是謂大中 御河之役子聞之曰人力盡矣 魏郡白溝煬帝開永濟渠名御河運糧征遼 子居家不暫捨周禮門人問子子曰先師以王道極是也如有用我則執

此以往（先師謂孔子也定禮樂時極周道而已）禮通也宗周之介子敢忘其禮乎（孔子尚極此說我小子敢暫捨）哉子曰周禮其敵於天命乎（周公典禮與天命齊其父長故曰敵也）春秋抗王而尊魯其以周之所存乎（抗舉也春秋舉周王正朔而書於魯史者以周禮盡在魯故也）元經抗帝而尊中國其以天命之所歸乎（元經舉帝號以得中國者爲正朔蓋天命歸中國也）張玄素（史傳未見）問禮子曰直爾心儼爾形動思恭靜思正問道子曰禮得而道存矣（上四事合禮則道在其中）玄素出子曰有心乎禮也夫禮有竊之而成名者況躬親哉（竊謂非己有也假外飾而行之尚得成名況玄素有心於克己哉孟子曰堯舜性之湯武身之五霸假之也久假而不歸焉知其非有也）魏徵問君子之辯子曰君子奚辯而有時乎爲辯不得已也其猶兵乎（若湯武之兵伐桀紂孟子之辯排楊墨皆不得已也）董常聞之曰君子有不言之辯不殺之兵亦時乎（若顏回不言如愚知時之不可爲也老子云善戰不陣時可無爲也）子曰誠哉不知時無以爲君子（善董常聞辯知時也）文中子曰聞謗而怒者讒之由也見譽而喜者佞之媒也（爲謗譽所動靜則讒佞得計矣）絕由去媒讒佞遠矣子曰聞難思解見利思避好成人之美可以立矣子謂董常曰我未見勤者矣（如天不息者）蓋有焉我未之見也（因以激常）子曰年不豐兵不息吾已矣夫（年天也兵人也）子謂北山黃公善醫先寢食而後針藥汾陰侯生善筮先人

事而後說封黃公侯生未見房玄齡問正主庇民之道子曰先遺其身曰請
究其說子曰夫能遺其身然後能無私無私然後能至公至公然後
以天下爲心矣道可行也修己以及天下漸也玄齡曰如主何再問正主之說子曰通也不
可究其說蕭張其猶病諸蕭何知其主不可以正也而私營物產張良亦私自從赤松子遊皆病也噫非子所
及姑守爾恭執爾愼庶可以事人也言隋主不可正江都有變煬帝幸江都宮宇文化及弑逆子
有疾謂薛收曰道廢久矣道謂先王典禮如有王者出三十年而後禮樂可
稱也稱舉也斯已矣斯隋不能舉收曰何謂也子曰十年平之十年富之十年和
之斯成矣平亂富民和以禮樂自江都有變是歲庚辰唐高祖武德三年也平之十年至大宗正觀三年天下大定又富之至正觀十三年房玄齡
奏太平又和之終正觀二十三年太宗崩禮樂已和然未大成爾子曰早婚少聘教人以偷偷薄也妾媵無
數教人以亂言弃古禮是掌教者之罪也且貴賤有等妻妾媵各有等降之數一夫一婦庶人之
職也國風正夫婦王化之本也子謁見隋祖一接而陳十二策編成四卷門人編之薛收
曰辯矣乎董常曰非辯也理當然爾理與則言辯非務其辭也房玄齡請習十二
策誦習子曰時異事變不足習也適救隋弊非經久策虞世基世南兄也煬帝時參掌朝政唯諾取容而
已煬帝遇弑世基見害遣使謂子曰盍仕乎子曰通有疾不能仕也飲使者歌

小明以送之（小雅詩大夫悔仕於亂世也首章云豈不懷歸畏此罪罟言世基必罪死）世基聞之曰吾特遊繒繳之下也若夫子可謂冥冥矣（楊子曰鴻飛冥冥弋者何慕）文中子曰問則對不問則述（若策問之則對不爾則自述其道待時而行）竊比我於仲舒（董仲舒漢武帝時對賢良策後為公孫弘所抑退免以著書為業）子曰吾不仕故成業（成所述業）不動故無悔（悔生乎動）不廣求故得（得足也）不雜學故明（明道也）文中子曰凝滯者智之蟊也忿憾者仁之螣也纖悋者義之蠹也（蟊螣蠹皆喻害物）子曰元經之專斷蓋蘊於天命吾安敢至哉（天命未改於晉祚則元經斷之於江南天命有歸於中國則元經斷之於後魏言此皆天下所蘊非我能至也）董常聞之曰元經之與天命夫子而不至其孰能至也子謂竇威曰既冠讀冠禮將婚讀婚禮居喪讀喪禮既葬讀祭禮朝廷讀賓禮軍旅讀軍禮故君子終身不違禮（言學禮有次序）竇威曰仲尼言不學禮無以立此之謂乎（言孔子教鯉亦謂此次序）子述婚禮（述在禮論）賈瓊曰今皆亡又焉用續（續補亡也）子曰瓊爾無輕禮無謟俗（輕古禮阿時俗是謟也）姑存之可也（續而存之待時而行）子贊易至觀卦曰可以盡神矣（盡而不薦可以盡神之與）子曰古者進賢退不肖猶患不治（有天下舉賢才則不肖者遠矣）今則吾樂賢者而哀不賢者（樂之不能進之也哀之不敢退之也）如是寬易怨（不退之故不肖者不怨）猶懼不免

不免怨害詩云惴惴小心如臨空谷詩小宛篇注云衰亂之世賢人君子雖無罪猶恐懼子讀說苑劉向撰三十卷曰可以輔教矣其說禮樂可左右教化子之韓城馮翊有韓城縣自龍門關先濟龍門漢皮氏縣魏改為龍門隋屬絳州今河中有縣賈瓊程元後從行在後關吏仇璋字伯成止之曰先濟者為誰止二子問之吾視其顙頯如也重而不亢顙重之貌亢昂也目燦如也徹而不瞬徹清也瞚目曰瞬口敦如也闞而不張敦厚闞深也鳳頸龜背鬚垂至腎參如也參參然盛貌與之行俯然而色卑與之言泛然而後應浪蘤拖旋而不懼言狀貌皆異常人是必有異人者也吾聞之天下無道聖人藏焉鞠躬守默斯人殆似也鞠躬謂卑俯守默謂泛應程元曰子知人矣是王通者也賈瓊曰吾二人師之而不能去也仇璋曰夫杖一德乘五常扶三才控六藝吾安得後而不往哉遂捨職從於韓城子謂賈瓊曰君子哉仇璋也比董常則不足方薛收則有餘文中子曰吾聞禮於關生見負樵者幾焉正樂於霍生見持竿者幾焉關子明霍汲皆隱於樵漁幾近也吾將退而求諸野矣野謂漁樵子曰多言不可與遠謀機易泄多動不可與久處心易躁吾願見僞靜詐儉者矯時罕眞靜儉者賈瓊曰知善而不行見義而不勸雖有拱璧之迎吾不入其

門矣（譏隋朝大臣不勸善而飾虛禮）子聞之曰強哉矯也（璋也明而毅故曰強矯）仇璋謂薛收曰子聞三有七乎收曰何謂也璋曰無諾責（不責人以必諾）無財怨（不以財使人怨）無專利（必先利人）無苟説（所悅必以道）無伐善（不自矜伐）無棄人（片善亦取）無畜憾（不念舊惡）薛收曰請聞三有璋曰有慈有儉有不爲天下先收曰子及是乎曰此君子之職也璋何預焉子聞之曰唯其有之是以似之（裳裳者華篇注曰似嗣也）子曰君子先擇而後交（擇可交則與交）小人先交而後擇（驟以利合擇之即壞）故君子寡尤小人多怨良以是夫子曰君子不責人所不及不強人所不能（強謂力不能使之）不苦人所不好夫如此故免（免今世之禍）老聃曰吾言甚易行天下不能行信哉（信今亦然）仇璋問君子有爭乎子曰見利爭讓聞義爭爲有不善爭改（言君子果有爭但爭爲善而已）薛收問聖人與天地如何子曰天生之地長之聖人成之（天陽地陰之謂道聖人經之以善誠之以性）故天地立而易行乎其中矣薛收問易子曰天地之中非他也人也（曰仁與義成性之本）收退而歎曰乃今知人事修天地之理得矣（始悟易）子謂收曰我未見欲仁好義而不得者也（言人性修則天理得）如不得斯無性者也（仁義性之本也感物而動性之欲也應物而不化物則能復性故曰欲仁好義此言明天理也若化物而不能反躬復性則是天理

滅矣故曰無性此言昧人事也子曰嚴子陵釣於湍石嚴光字子陵漢光武故人不仕隱釣於七里湍爾朱榮控勒天下注見上文故君子不貴得位爾朱榮得位嚴光不貴之也子曰火炎上而受制於水水趨下而得志於火故君子不欲多上人言君子如水之性無不下子讚易至山附于地剥曰固其所也山固宜附地人固宜復靜將安之乎隋亂道剥我將何之是以君子思以下人孔子象曰君子以厚下安宅芮城府君讀說苑芮城說苑注見上子見之曰美哉兄之志也于以進物不亦可乎說苑有進物義子之居常湛如也言必恕動必義與人款曲以待其會會謂理與情會合故君子樂其道小人懷其惠小人但知惠叔恬曰凝於先王之道行思坐誦常若不及臨事往來常若無誨若無人敎誨我道果艱哉子曰吾亦然也言先王之道非凝能及荅云吾亦然實勉之爾叔恬曰天下惡直醜正凝也獨安之乎子悄然作色曰神之聽之介爾景福詩小明篇靖恭爾位好是正直注景大也好與也介助也言有明王則道行而得福君子之於道也死而後已天不為人怨咨而輟其寒暑書曰冬祁寒夏暑雨小民怨咨君子不為人之醜惡而輟其正直然汝不聞洪範之言乎平康正直夫如是故全正直必平康故全身全道今汝屑屑焉三德無據而心未樹也三德平康正直為首其次高明柔克沈潛剛克皆謂正必平易直必康和明必柔克潛必剛克率歸之中道也今凝雖正直而無據於德心亦未能務滋故曰

未樹立也無挺挺然立不曲貌無訐訐斥言也無固固執無抵抵觸斯之謂側僻民用僭忒無乃汝乎終洪範之詞敘之也言凝有是四者與無正直同叔恬再拜而出仇璋進曰君子思以下人直在其中歟璋言讚易剥卦得平康之德子笑而不荅薛收曰君子樂然後笑夫子何爲不與其進也子曰唯狂克念斯非樂乎易道至深非璋盡達然子嘉其狂念故樂然笑之謂仇璋薛收曰非知之艱行之惟艱言克念之必須克行之

中説卷第八

中說卷第九

立命篇

阮逸注

文中子曰命之立也其稱人事乎 人生天地之間所以立命也是命者因人而稱天有情於人而命之者也 故君子畏之 孔子畏天命者蓋畏人事不修而違天也 無遠近高深而不應也無洪纖曲直而不當也 易曰其受命如響 故歸之於天 聖人無不應無不當與天合德故立命則曰天命 易曰乾道變化各正性命 引易以明命因性而稱也 魏徵曰書云惠迪吉從逆凶惟影響詩云不戢不難受福不那彼交匪傲萬福來求其是之謂乎 書大禹謨云也惠順迪道也順道即吉從逆即凶詩桑扈篇注戢聚難難也那多也言不聚法不戒難則福多矣彼賢交非傲即福亦就求之也 子曰徵其能自取矣 自取福 董常曰自取者其稱人耶 明魏徵能自取多福則顯上文其稱人事也 子曰誠哉惟人所召 召亦取也 賈瓊進曰敢問死生有命富貴在天何謂也 何獨死生言命而富貴則言天乎 子曰召之在前命之在後 凡未死則世人皆云命合生也已死矣則世人皆云命不生也未富貴則世皆云命合貧賤也既富貴則世人皆云命不貧賤是死生富貴皆人先自召之在前而後從而言命是在後也 斯自取也庸非命乎噫吾未如之何也已矣 未莫也言我莫知所如亂世不可自取理矣寧求退藏而已 瓊拜而出謂程元曰吾今而後知元命可作多福可求矣 若周公乞代武王仲尼求爲東周皆自作元命終獲多福此知命之大者 程元曰敬珮玉音服之無斁

（斁厭也）文中子曰度德而師（度已不如即師之）易子而教（易互也）今亡矣（亡廢）子曰不以伊尹周公之道康其國非大臣也（以已之道安人之國不以嫌疑惜其身是大臣矣）不以霍光諸葛亮之心事其君者皆具臣也（受先君之顧命保後王之未明盡已之心不苟其位非具臣矣）董常歎曰善乎顏子之心也三月不違仁矣（曰久不違是仁人矣）子聞之曰仁亦不遠姑慮而行之（上文謂常也時有慮焉亦三月之義）爾無苟羨焉（顏回曰舜何人也余何人也有為者亦若是彼顏回不羨舜也故常亦無羨回但慮而行之自及矣）惟精惟一誕先登于岸（書云惟精惟一允執厥中言道心精微仁性則一也詩云帝謂文王無然畔援無然歆羨誕先登于岸岸謂仁之地也言仁道不可畔不可羨亦執中而得也）常出曰慮不及精思不及睿（慮即道心也思曰睿）焉能無咎（咎謂過也）貳焉能不違（不違三月）繁師玄聞董常賢問賈瓊以齒（年齒）瓊曰始冠矣（年二十）師玄曰吁其幼達也（達謂達道）瓊曰夫子十五為人師焉（夫子謂文中子）陳留王孝逸先達之傲者也（傲謂未嘗服人也）然白首北面豈以年乎（達不在年齒）瓊聞之德不在年（左傳曰年均擇賢是則賢德為上）道不在位（語曰富與貴是人之所欲不以其道得之不處也）

門人有問姚義孔庭之法曰詩曰禮不及四經何也（鯉趨而過庭子曰學詩乎學禮乎）姚義曰嘗聞諸夫子矣（夫子謂文中子）春秋斷物志定而後及也（志在斷）樂以和德全而後及也（樂象德）書以制法從事而後及也（事以制立）易以窮理知命而後

及也理性至於命故不學春秋無以主斷不學樂無以知和不學書無以議
制不學易無以通理四者非具體不能及故聖人後之言孔子不教鯉者待其具而後教之
函此並文中子言姚義志之也豈養蒙之具耶或曰然則詩禮何爲而先也義曰夫教
之以詩則出辭氣斯遠暴慢矣約之以禮則動容貌斯立威嚴矣此亦
小成也度其言察其志考其行辯其德凡師教人量其志行志定則發之以春秋於
是乎斷而能變不變則斷不適中德全則導之以樂於是乎和而知節不節則蕩
可從事則達之以書於是乎可以立制事無制不永知命則申之以易於是
乎可與盡性性與天道合爲元命若驟而語春秋則蕩志輕義志未定故驟而語樂則
喧德敗度德未全驟而語書則狎法狎法猶舞文也驟而語易則玩神不知性則以神
爲虛玩是以聖人知其必然故立之以宗宗卽統言六經也列之以次次謂先詩禮而後次之四經也
先成諸已然後備諸物先濟乎近然後形乎遠已近謂近取諸身也若出辭氣動容貌是也物
遠謂遠取諸物也若斷物和行制法窮理是也亶其深乎亶其深乎亶信也信乎孔子先詩禮其教深奧子聞之曰
姚子得之矣得六經之深故能言此子曰識寡於亮德輕於才斯過也已有亮少識必有太緩
之過有才少德必有太淺之過子曰治亂運也有乘之者有革之者治亂皆由運則同也而乘之革之異焉乘

之謂舜乘堯之類革之謂湯革夏之類是也窮達時也關氏易傳曰時也者繫乎君天下者也君天下得君子之道則時亨得小人之道則時塞
有行之者有遇之者窮達皆由時然有行非其道而自窮于時者有雖行得道而遇時不明者時則一而行之遇之異焉吉凶
命也有作之者有偶之者作謂自作孽自求多福皆由人作之者也偶謂庸人偶貴善人偶禍皆偶然者也一來一往
各以數至豈徒云哉往來循環數有奇偶人不能逃遼東之役天下治船子曰林麓盡
矣治船伐盡帝省其山其將何辭以對掌林麓之官何辭對帝或非續經薛收姚義告
子子曰使賢者非耶吾將飾誠以請對對之以道賢者豈當僭愚者非耶吾獨奈
之何愚者不知道不可對因賦黍離之卒章云知我者謂我心憂不知我者謂我何求入謂門人曰五交三
釁劉峻亦知言哉孝標論曰惟茲五交是生三釁房玄齡問善則稱君過則稱己可
謂忠乎子曰讓矣無過而稱己過是隱也隱非忠也蓋讓美於君而已杜如晦問政子曰推爾誠舉
爾類賞一以勸百罰一以懲衆夫爲政而何有未有過此得爲政之要者如晦出謂
竇威曰讜人容其訐雖太訐必容佞人杜其漸漸猶不可況深乎賞罰在其中吾知
乎爲政矣容一訐直示賞百善之門絶一佞媚示罰衆惡之柄文中子曰制命不及黃初續書帝制公命惟漢
有之不及魏矣黃初魏文帝初即位年號志事不及太熙續書君志臣事至晉太康而止矣不及惠帝太熙惠帝年號褒貶不及
仁壽元經至隋開皇而止矣不及仁壽仁壽四年煬帝弑立叔恬曰何謂也子泣然曰仁壽大業之

際其事忍容言耶大業煬帝年號事不忍言安所褒貶賈瓊問富而教之何謂也子曰仁生於歉歲歉則仁者則隱義生於豐豐盈則義者制宜故富而教之斯易也以豐思歉則爲教易古者聖王在上田里相距雞犬相聞人至老死不相往來蓋自足也解上文富是以至治之代謂三皇時五典潛五禮措五服不章天子諸侯卿大夫士五者之服必章明曰五章人知飲食不知蓋藏人知羣居不知愛敬上如標枝下如野鹿標枝野鹿自然分上下也何哉蓋上無爲下自足故也賈瓊曰淳灕朴散其可歸乎歸復也子曰人能弘道苟得其行如反掌爾人存則道行言亦易爾昔舜禹繼軌而天下朴夏桀承之而天下詐成湯放桀而天下平殷紂承之而天下陂陂險也文武治而幽厲散文景寧而桓靈失斯則治亂相易澆淳有由由上之所化興衰資乎人得失在乎教解上文人弘道其曰大古不可復是未知先王之有化也詩書禮樂復何爲哉若言經籍不能復古何爲虛設耶董常聞之謂賈瓊曰孔孟云亡夫子之道行則所謂綏之斯來動之斯和乎孰云淳朴不可歸哉當爲決淳灕朴散之疑子曰以性制情者鮮矣我未見處歧路而不遑迴者路分二曰岐性感物而動曰情亦二之義也言情之惑性如岐之惑路也能制者少矣易曰直方大不習無不利

則不疑其所行也(直方性也不習謂不疑惑)賓威曰大哉易之盡性也門人孰至焉子曰董常近之(近庶幾也)或問威與常也何如子曰不知(恐門人輕威而重常故答以不知)子曰大雅或幾於道(溫大雅或幾猶學中也)蓋隱者也默而成之不言而信(幾道則默也默欽隱)或問陶元亮(潛字元亮)子曰放人也歸去來有避地之心焉(潛作歸去來詞)五柳先生傳則幾於閉關矣(潛稱五柳以自号閉關注見上)子曰和大怨者必有餘怨(若舜不怨而慕是也)忘大樂者必有餘樂(若顏回不改其樂是也)天之道也(性與天道相合故能如此)子曰氣爲上形爲下識都其中(都居也)而三才備矣氣爲鬼其天乎識爲神其人乎(易曰精氣爲物游魂爲變是故知鬼神之情狀鬼者精氣之變也故曰氣爲鬼易曰神而明之存乎其人非識則不能神故曰識爲神)吾得之理性焉(窮理盡性則能行變化通鬼神)薛收曰敢問天神人鬼何謂也周公其達乎(仲尼曰鬼神之事吾亦難明周公曰不若旦多才多藝能事鬼神故止問周公)子曰大哉周公遠則冥諸心也心者非他也窮理者也(心謂天理)故悉本於天(悉盡也盡我於天理也孟子盡心章義同)推神於天蓋尊而遠之也故以祀禮接焉(此宗祀天神也)近則求諸已也(已謂人倫)已者非他也盡性者也(反已復性)卒歸之人(如父與子性人人一同)推鬼於人蓋引而敬之也故以饗禮接焉(此大禘人鬼也)古者觀盥而不薦思過半矣(盥絜不賓敬也)薛收曰敢問地

祇（既聞天神人鬼故又問地祇）子曰至哉百物生焉萬類形焉示之以民斯其義也（古祇字示旁作民）形也者非他也骨肉之謂也（骨肉屬土）故以祭禮接焉（此既葬則祭于地下也）收曰三者何先子曰三才不相離也措之事業則有主焉圓丘尚祀觀神道也方澤貴祭察物類也宗廟用饗懷精氣也收曰敢問三才之蘊（蘊者精奧之稱）子曰至哉乎問夫天者統元氣焉非止蕩蕩蒼蒼之謂也地者統元形焉非止山川丘陵之謂也人者統元識焉非止圓首方足之謂也（三才取其氣形識不止形而已）乾坤之蘊汝思之乎於是收退而學易（易行）（乾坤之中故因三才之蘊始悟易）子曰射以觀德今亡矣古人貴仁義賤勇力子曰棄德背義而患人之不已親好疑尚詐而患人之不已信則有之矣（譏時）子曰君子服人之心不服人之言（孟子曰七十子之服仲尼中心悅而誠服也）服人之言不服人之身（此其次也）服人之身力加之也君子以義小人以力難矣夫（並譏當世尚力不知義者）子曰太熙之後天子所存者號爾（晉惠帝）烏乎索化列之以政則蕃君比之矣（續詩有政化）元經何不興乎（詩亡則春秋興）房玄齡謂薛收曰道之不行也必矣夫子何營營乎（嗟師勤）薛收曰子非夫子之徒歟（不知道）天子失

道則諸侯修之（若桓文）諸侯失道則大夫修之（若子產叔向）大夫失道則士修之（若孔孟）士失道則庶人修之（若董仲舒居家推災異）修之之道從師無常誨而不倦窮而不濫（濫謂不苟干祿弃道）死而後已得時則行失時則蟠（蟠屈）此先王之道所以續而不墜也古者謂之繼時（若孔子繼周公孟子繼孔子其適時一也）詩不云乎縱我不往子寧不嗣音（子衿篇刺亂世學校不修也注嗣續也音謂絃誦）如之何以不行而廢也立齡惕然謝曰其行也如是之遠乎（乃知營營非止身而已繼時之道當遠大）

中說卷第九

中說卷第十

關朗篇

阮逸注

或問關朗子曰魏之賢人也孝文没而宣武立穆公死關朗退（並注見上）魏之不振有由哉（國不振由賢人不用）子曰中國失道四夷知之魏徵曰請聞其說子曰小雅盡廢四夷交侵斯中國失道也非其說乎徵退謂薛收曰時可知矣（時煬帝失道可知）薛收問曰今之民胡無詩（因聞古詩乃問今民何不作詩）子曰詩者民之情性也情性能亡乎（情不亡詩不廢）非民無詩職詩者之罪也（職詩謂史官不明變）姚義困於窶（窶貧）房玄齡曰傷哉窶也盍請乎姚義曰古之人爲人請猶以爲捨讓也（古冉子爲公西赤之母請粟孔子曰君子周給不繼富蓋非冉子弃讓也）況爲己乎吾不願子聞之曰確哉義也實行古之道矣有以發我也難進易退（儒有難進易退姚義發明於我）子曰雖邇言必有可察求本則遠（舜好察邇言若不察其本則邇說殄行至矣遠謂難及）王珪從子求續經子曰叔父（珪字叔玠子之從叔太宗朝爲諫議多直言勑中書門下三品入閤使諫臣隨之自珪始也）通何德以之哉（有何德以當叔父之求學）珪曰勿辭也當仁不讓於師況無師乎吾聞關朗之筮矣（事在關朗）傳積亂之後當生大賢世習禮樂莫若吾族天未亡道振斯文者非子誰

歟（珪言直故舉吾族）魏徵問議事以制何如子曰苟正其本刑將措焉如失其道議之何益故至治之代法懸而不犯（畫衣冠爲法）其次犯而不繁（三代）故議事以制噫中代之道也（商周已後爲中代）如有用我必也無訟乎（此仲尼之志）文中子曰平陳之後龍德亢矣而卒不悔悲夫（隋文過亢不知故及弒）子曰吾於續書元經也其知天命而著乎（詩書亡然後元經作皆天命也）傷禮樂則述章志（樂章禮志）正曆數則斷南北朝（南北朝）感帝制而首太熙（書帝制尚不及黃初況太熙乎然元經首於太熙者蓋感帝制之絕而特振之也）尊中國而正皇始（晉宋卒不振則曆數斷歸北朝以後魏孝文皇始年都洛陽得中國也）文中子曰動失之繁靜失之寡（不得中）子曰罪莫大於好進（進不以道）禍莫大於多言（言不以中）痛莫大於不聞過（自蔽）辱莫大於不知恥（自得）子曰天子之子合冠而議封（年二十成人始封之土）知治而受職（齒胄學古）古之道也（此周制）薛收問政於仲長子光子光曰舉一綱衆目張弛一機萬事隳（引古語）不知其政也（隱者言放）收告文中子子曰子光得之矣（得爲政之要也）文中子曰不知道無以爲人臣況君乎（君更須知道）子曰人不里居地不井受終苟道也（秦廢井田開阡陌意在從豪傑强本國然弃禮義起兼并爲苟且之道）雖舜禹不能理矣（如此雖聖人復生難矣）子曰政猛寧若恩（先恩臨之）法速寧若緩（緩寛也）獄繁寧若簡（簡不滋彰）臣主

之際其猜也寧信（並讖時）執其中者惟聖人乎（聖人之道不難知能行上四事則執中矣）子曰委任不一亂之媒也監察不止姦之府也（隋由此亡）裴晞聞之曰左右相疑非亂乎上下相伺非姦乎古謂之蛇豕之政噫亡秦之罪也（言王道喪自秦始）杜淹問隱子曰非伏其身而不見也時命大謬則隱其德矣惟有道者能之故謂之退藏於密（有道謂知命）杜淹曰易之興也天下其可疑乎故聖人得以隱（紂疑文王則文王隱）子曰顯仁藏用中古之事也（演卦顯也就拘藏也）淹曰敢問藏之之說子曰泯其迹閟其心可以神會難以事求斯其說也又問道之旨子曰非禮勿動非禮勿視非禮勿聽淹曰此仁者之目也（仲尼言仁）子曰道在其中矣（道在仁中）淹退謂如晦曰瞻之在前忽然在後信顏氏知之矣（知聖人道大不可以語言）（執也）文中子曰四民不分五等不建六官不職九服不序皇墳帝典不得而識矣（生民不復得識也）不以三代之法統天下終危邦也（忠敬文相循之法）如不得已其兩漢之制乎（七制）不以兩漢之制輔天下者誠亂也已（制度不立則亂）文中子曰仲尼之述廣大悉備歷千載而不用悲夫（六經示後而後世但習空文不用其道可悲惜）仇璋進曰然夫子今何勤勤於述也子曰先師之職也不敢廢（儒職在祖述）焉知後之不

能用也（後必有聖人出能用之）是蕪是蓘則有豐年（逸詩譬如農夫是蕪是蓘雖有飢饉必有豐年）子謂薛收曰元魏已降天下無主矣（無真主）開皇九載人始一（平陳一統）先人有言曰敬其事者大其始愼其位者正其名（先人謂銅川府君）此吾所以建議於仁壽也（開皇改仁壽）陛下眞帝也無踵僞亂（南北朝僞亂相繼）必紹周漢以土襲火（周木德漢火德隋當爲土德）色尚黃數用五除四代之法（四代謂北朝魏周齊南朝陳也）以乘天命（時乘御天）千載一時不可失也高祖偉之而不能用（偉其文而已不用其道）所以然者吾庶幾乎周公之事矣（周公聖人之時者也故仲尼宗之敬其事大其始攝位則進正名則退公其心私其迹此周公之事也文中子謂隋祖必敬其始正其名）故十二策何先必先正始者也（正始策首篇名）魏永爲龍門令（永未見）下車而廣公舍子聞之曰非所先也勞人逸己胡寧是營永遽止以謝子子曰不勤不儉無以爲人上也（終戒之）門人竇威賈瓊姚義受禮溫彥博杜如晦陳叔達受樂杜淹房喬魏徵受書李靖薛方士裴晞王珪受詩叔恬受元經董常仇璋薛收程元備聞六經之義（中說終）凝常聞不專經者不敢以受也經別有說故著之（此太原府君王凝自記于中說之後也）太原府君曰（稱府君者凝三子所記也）文中子之教不可不宣也日月逝矣不可使文中之後（後裔）不達于茲也召三子而教之略例焉（續經略例）太

原府君曰凝當居慄如也子弟非公服不見閨門之内若朝廷焉昔文中子曰賢哉凝也權則未而可與立矣府君再拜曰謹受教非禮不動終身焉正觀中起家監察御史劾奏侯君集有無君之心天下稱其讜正出爲胡蘇令時杜淹爲御史大夫王凝爲監察上言侯君集有反狀太宗以君集有大功未之信而長孫無忌與君集善乃與杜淹不協而王凝貶出胡蘇令胡蘇漢東莞縣有胡蘇亭隋置縣名今屬棣州及退則鄉黨以穆不得志於時遂退御家以四教勤儉恭恕正家以四禮冠婚喪祭士禮三年之畜備則散之親族九年耕所諸畜聖人之書及公服禮器不假皆自足垣屋什物必堅朴曰無苟費也門巷果木必方列曰無苟亂也事寡嫂以恭順著文中子之室與人不款曲不受遺非其力非其祿未嘗衣食力謂自耕桑者饗食之禮無加物焉曰及禮可矣居家不肉食曰無求飽一布被二十年不易曰無爲費天下也鄉人有誣其税者一歲再輸臨官計日受俸年踰七十手不輟經親朋有非義者必正之曰面與背毀吾不忍也羣居縱言未嘗及人之短常有不可犯之色故小人遠焉杜淹曰續經其行乎大原府君曰王公大人最急也先王之道布在此矣天下有道聖人推而行之天下無道聖人述而藏之所謂流之斯爲

川焉塞之斯爲淵焉升則雲施則雨潛則潤何往不利也太原府君曰夫子得程仇董薛而六經益明對問之作四生之力也董仇早殁而程薛繼殂文中子之教其未作矣嗚呼以俟來哲此並隱其意肆其言以傷河汾之教爲長孫無忌所抑房魏等不能振之也

敘篇

文中子之教繼素王之道故以王道篇爲首古先聖王俯仰二儀必合其德故次之以天地篇天尊地卑君臣立矣故次之以事君篇事君法天莫如周公故次之以周公篇周公之道蓋神乎易中故次之以問易篇易者教化之原也教化莫大乎禮樂故次之以禮樂篇禮樂彌文著明則史故次之以述史篇興文立制變理爲大惟魏相有焉故次之以魏相篇夫陰陽既變則理性達矣窮理盡性以至於命故次之以立命篇通性命之說者非易安能至乎關氏易之深者也故次之關朗篇終焉

文中子世家

杜淹　撰

文中子王氏諱通字仲淹其先漢徵君霸潔身不仕十八代祖殷雲中

太守家于祁以春秋周易訓鄉里爲子孫資十四代祖述克播前烈著春秋義統公府辟不就九代祖寓遭愍懷之難遂東遷焉寓生罕罕生秀皆以文學顯秀生二子長曰玄謨次曰玄則玄謨以將略升玄則以儒術進玄則字彥法即文中子六代祖也仕宋歷太僕國子博士常歎曰先君所貴者禮樂不學者軍旅兄何爲哉遂究道德考經籍謂功業不可以小成也故卒爲洪儒卿相不可以苟處也故終爲博士曰先師之職也不可墜故江左號王先生受其道曰王先生業於是大稱儒門世濟厥美先生生江州府君煥煥生虬虬始北事魏太和中爲并州刺史家河汾曰晉陽穆公穆公生同州刺史彥曰同州府君彥生濟州刺史一曰安康獻公安康獻公生銅川府君諱隆字伯高文中子之父也傳先生之業教授門人千餘隋開皇初以國子博士待詔雲龍門時國家新有揖讓之事方以恭儉定天下帝從容謂府君曰朕何如主也府君曰陛下聰明神武得之於天發號施令不盡稽古雖負堯舜之姿終以不學爲累帝默然曰先生朕之陸賈也何以教朕府君承詔著興衰

要論七篇每奏帝稱善然未甚達也府君出爲昌樂令遷猗氏銅川所
治著稱秩滿退歸遂不仕開皇四年文中子始生銅川府君筮之遇坤
之師獻兆于安康獻公獻公曰素王之卦也何爲而來地二化爲天一上
德而居下位能以衆正可以王矣雖有君德非其時乎是子必能通天
下之志遂名之曰通開皇九年江東平銅川府君歎曰王道無叙天下
何爲而一乎文中子侍側十歲矣有憂色曰通聞古之爲邦有長久之
策故夏殷以下數百年四海常一統也後之爲邦行苟且之政故魏晉
以下數百年九州無定主也上失其道民散久矣一彼一此何常之有夫
子之歎蓋憂皇綱不振生人勞於聚斂而天下將亂乎銅川府君異之
曰其然乎遂告以元經之事文中子再拜受之十八年銅川府君宴居
歌伐木而召文中子子矍然再拜敢問夫子之志何謂也銅川府君曰
爾來自天子至庶人未有不朋友而成者也在三之義師居一焉道喪
已來斯廢久矣然何常之有小子勉旃翔而後集文中子於是有四方
之志蓋受書於東海李育學詩於會稽夏琠問禮於河東關子明正

樂於北平霍汲考易於族父仲華不解衣者六歲其精志如此仁壽三年文中子冠矣慨然有濟蒼生之心西遊長安見隋文帝帝坐太極殿召見因奏太平策十有二策尊王道推霸略稽今驗古恢恢乎運天下於指掌矣帝大悅曰得生幾晚矣天以生賜朕也下其議於公卿公卿不悅時將有蕭牆之釁文中子知謀之不用也作東征之歌而歸曰我思國家兮遠遊京畿忽逢帝王兮降禮布衣遂懷古人之心兮將興太平之基時異事變兮志乖願違吁嗟道之不行兮垂翅東歸皇之不斷兮勞身西飛帝聞而再徵之不至四年帝崩大業元年一徵又不至辭以疾謂所親曰我周人也家于祁永嘉之亂蓋東遷焉高祖穆公始事魏魏周之際有大功於生人天子錫之地始家于河汾故有墳隴於兹四代矣兹土也其人憂深思遠乃有陶唐氏之遺風先君之所懷也有弊廬在茅簷土階撮如也道之不行欲安之乎退志其道而已乃續詩書正禮樂修元經讚易道九年而六經大就門人自遠而至河南董常太山姚義京兆杜淹趙郡李靖南陽程元扶風竇威河東薛收中山

賈瓊清河房玄齡鉅鹿魏徵太原溫大雅潁川陳叔達等咸稱師北面受王佐之道焉如往來受業者不可勝數蓋千餘人隋季文中子之教興於河汾雍雍如也大業十年尚書召署蜀郡司戶不就十一年以著作郎國子博士徵並不至十三年江都難作子有疾召薛收謂曰吾夢顔回稱孔子之命曰歸休乎此殆夫子召我也何必永厥齡吾不起矣寢疾七日而終門弟子數百人會議曰吾師其至人乎自仲尼已來未之有也禮男子生有字所以昭德死有謚所以易名夫子生當天下亂莫予宗之故續詩書正禮樂修元經讚易道聖人之大旨天下之能事畢矣仲尼既沒文不在茲乎易曰黃裳元吉文在中也請謚曰文中子絲麻設位哀以送之禮畢悉以文中子之書還于王氏禮論二十五篇列爲十卷樂論二十篇列爲十卷續書一百五十篇列爲二十五卷續詩三百六十篇列爲十卷元經五十篇列爲十五卷贊易七十篇列爲十卷並未及行遭時喪亂先夫人藏其書于篋笥東西南北未嘗離身大唐武德四年天下大定先夫人返于故居又以書授于其弟凝文中

子二子長曰福郊少曰福時

録唐太宗與房魏論禮樂事

大唐龍飛宇内樂業文中子之教未行于時後進君子鮮克知之正觀中魏文公有疾仲父太原府君問候焉留宿宴語中夜而歎太原府君曰何歎也魏公曰大業之際徵也甞與諸賢侍文中子謂徵及房杜等曰先輩雖聰明特達然非董薛程仇之比雖逢明王必愧禮樂徵于時有不平之色文中子笑曰久久臨事當自知之及正觀之始諸賢皆亡而徵也房李温杜獲攀龍鱗朝廷大議未甞不參預焉上臨軒謂羣臣曰朕自處蕃邸及當宸極卿等每進諫正色咸云嘉言良策患人主不行若行之則三皇不足四五帝不足六朕誠虛薄然獨斷亦審矣雖德非徇齊明謝濬哲至於聞義則服庶幾乎古人矣諸公若有長久之策二陳之無有所隱房杜等奉詔舞蹈讃揚帝德上曰止引羣公内宴酒方行上曰設法施化貴在經久秦漢已下不足襲也三代損益何者爲當卿等悉心以對不患不行是時羣公無敢對者徵在下坐爲房

杜所目因越席而對曰夏殷之禮既不可詳忠敬之化空聞其說孔子曰周監二代郁郁乎文哉吾從周周禮公旦所裁詩書仲尼所述雖綱紀頹缺而節制具焉荀孟陳之於前董賈伸之於後遺談餘義可舉而行若陛下重張皇墳更造帝典則非駑劣所能議及也若擇前代憲章發明王道則臣請以周典唯所施行上大悅翌日又召房杜及徵俱入上曰朕昨夜讀周禮眞聖作也首篇云惟王建國辯方正位體國經野設官分職以爲人極誠哉深乎良久謂徵曰朕思之不井田不封建不肉刑而欲行周公之道不可得也大易之義隨時順人周任有言陳力就列若能一行之誠朕所願如或不及強希大道畫虎不成爲將來所笑公等可盡慮之因詔宿中書省議數日卒不能定而徵尋請退上雖不復揚言而閑宴之次謂徵曰禮壞樂崩朕甚憫之昔漢章帝眷眷於張純今朕急急於卿等有志不就古人攸悲徵跪奏曰非陛下不能行蓋臣等無素業爾何愧如之然漢文以清靜富邦家孝宣以章程練名實光武責成委吏功臣獲全肅宗重學尊師儒風大舉陛下

明德獨茂兼而有焉雖未冠三代亦千載一時惟陛下雖休勿休則禮樂度數徐思其宜教化之行何慮晚也上曰時難得而易失朕所以遑遑也御退無有後言徵與房杜等並懇慄再拜而出房謂徵曰玄齡與公竭力輔國然言及禮樂則非命世大才不足以望陛下清光矣昔文中子不以禮樂賜予良有以也向使董薛在適不至此噫有元首無股肱不無可歎也十七年魏公薨太原府君哭之慟十九年授余以中說又以魏公之言告予因敘其事時正觀二十年九月記

東皐子荅陳尚書書　福時　錄

東皐先生諱績字無功文中子之季弟也棄官不仕耕于東皐自號東皐子正觀初仲父太原府君為監察御史彈侯君集事連長孫太尉由是獲罪時杜淹為御史大夫密奏仲父直言非辜於是太尉與杜公有隙而王氏兄弟皆抑而不用矣季父與陳尚書叔達相善陳公方撰隋史季父持文中子世家與陳公編之陳公亦避太尉之權藏而未出重作書遺季父深言懃懇季父荅書其略曰昔與諸公遊其言皇

王之道邇至矣僕與仲兄侍側頗聞大義亡兄曰吾周之後世世習禮樂子孫當遇邇王者得申其道則儒業不墜其天乎其天乎時魏文公對曰夫子有後矣天將啓之徵也儻逢明王願翼其道無敢忘之及仲兄出胡蘇令杜大夫嘗於上前言其樸忠太尉聞之怒而魏公適入奏事見太尉魏公曰君集之事果虛耶御史當反其坐果實耶太尉何疑焉於是意稍解然杜與仲父抗志不屈魏公亦退朝默然其後君集果誅且吾家豈不幸而多言見窮乎抑天實未啓其道乎僕今耕于野有年矣無一言以裨于時無一勢以託其迹沒齒東皐醉醒自適而已然念先文中之述作門人傳受升堂者半在廊廟續經及中說未及講求而行嗟乎足下知心者顧僕何爲哉願記亡兄之言庶幾不墜足矣謹錄世家寄去餘在福郊面悉其意幸甚幸甚

錄關子明事　　王福時

關朗字子明河東解人也有經濟大器妙極占算浮沈鄉里不求官達太和末余五代祖穆公封晉陽尚書署朗爲公府記室穆公與談易各

相歎服穆公謂曰足下奇才也不可使天子不識入言于孝文帝帝曰
張彝郭祚嘗言之朕以卜筭小道不之見爾穆公曰此人道微言深殆
非彝祚能盡識也詔見之帝問老易即奇發明玄宗實陳王道諷帝
慈儉爲本飾之以刑政禮樂帝嘉歎謂穆公曰先生知人矣昨見子明
管樂之器豈占筭而已穆公再拜對曰昔伊尹負鼎干成湯今子明假
占筭以謁陛下臣主感遇自有所因後宜任之帝曰且與卿就成筮論
既而頻日引見際暮而出會帝有烏丸之役敕子明隨穆公出鎮并州
軍國大議馳驛而聞故穆公易筮往往如神先是穆公之在江左也不平
袁粲之死恥食齊粟故蕭氏受禪而穆公北奔即齊建元元年魏大和
三年也時穆公春秋五十二矣奏事曰大安四載微臣始生蓋宋大明
二年也既北遊河東人莫之知惟盧陽烏深奇之曰王佐才也太和八
年徵爲祕書郎遷給事黄門侍郎以謂孝文有康世之意而經制不
立從容閑宴多所奏議帝虛心納之遷都洛邑進用王肅由穆公之潛
策也又薦關子明帝亦敬服謂穆公曰嘉謀長策勿慮不行朕南征還

日當共論道以究治體穆公與翺欣然相賀曰千載一時也俄帝崩穆公歸洛踰年而薨翺遂不仕同州府君師之受春秋及易共隱臨汾山景明四年同州府君服闋援琴切切然有憂時之思子明聞之曰何聲之悲乎府君曰彥誠悲先君與先生有志不就世子明曰樂則行之憂則違之府君曰彥聞治亂損益各以數至苟推其運百世可知願先生以筮一爲決之何如子明曰占算幽微多則有惑請命蓍卦以百年爲斷府君曰諾於是揲蓍布卦遇夬之革䷪兌上乾下䷰兌上離下捨蓍而歎曰當今大運不過二再傳爾從今甲申二十四歲戊申大亂而禍始宮掖有蕃臣秉政世伏其強若用之以道則桓文之舉也如不以道臣主俱屠地府君曰其人安出子明曰參代之墟有異氣焉若出其在并之郊乎府君曰此人不振蒼生何屬子明曰當有二雄舉而中原分府君曰各能成乎子明曰我隙彼動能無成乎若無賢人扶之恐不能成府君曰請刻其歲子明曰始於甲寅卒於庚子天之數也府君曰何國先亡子明曰不戰德而用詐權則舊者先亡也府君曰其後如何子明曰辛丑之歲有恭儉之主

起布衣而併六合府君曰其東南乎勛曰必在西北平大亂者未可以
文治必須武定且西北用武之國也東南之俗其弊也剽西北之俗其
興也勃又況東南中國之舊主也中國之廢久矣天之所廢孰能興之
府君曰東南之歲可刻乎勛曰東南運曆不出三百大賢大聖不可卒
遇能終其運所幸多矣且辛丑明王當興定天下者不出　載已酉江
東其危乎府君曰明王既興其道若何勛曰設有始有卒五帝三王之
化復矣若非其道則終驕亢而晚節末路有桀紂之主出焉先王之道
墜地久矣苛化虐政其窮必酷故曰大軍之後必有凶年積亂之後必
有凶主理當然也府君曰先王之道竟亡乎勛曰何謂亡也夫明王久
曠必有達者生焉行其典禮此三才五常之所繫也孔子曰文王既沒
文不在茲乎故王道不能亡也府君曰請推其數勛曰乾坤之策陰陽
之數推而行之不過三百六十六引而伸之不過三百八十四天之道也
噫勛聞之先聖與卦象相契自魏已降天下無真主故黄初元年庚子
至今八十四年更八十二年丙午三百六十六矣達者當生更十八年甲子其

與王者合乎用之則王道振不用則洙泗之教修矣府君曰其人安出則曰其唐晉之郊乎昔殷後不王而仲尼生周周後不王則斯人生晉夫生於周者周公之餘烈也生於晉者陶唐之遺風也天地冥契其數自然府君曰厥後何如則曰自甲申至甲子正百年矣過此未或知也府君曰先生說卦皆持二端則曰何謂也府君曰先生每及興亡之際必曰用之以道輔之以賢未可量也是非二端乎則曰夫象生有定數吉凶有前期變而能通故治亂有可易之理是以君子之於易動則觀其變而玩其占問之而後行考之而後舉欲令天下順時而進知難而退此占筭所以見重於先王也故曰危者使平易者使傾善人少惡人多暗主衆明君寡堯舜繼禪歷代不逢伊周復辟近古亦絕非運之不可變也化之不可行也道悠世促求才實難或有臣而無君或有君而無臣故全之者鮮矣仲尼曰如有用我者吾其爲東周乎此有臣而無君也章帝曰堯作大章一夔足矣此有君而無臣也是以文武之業遂淪於仲尼禮樂之美不行於章帝治亂之漸必有厥由而興廢之成終罕

所遇曷曰功業見乎變此之謂也何謂無二端府君曰周公定鼎於郟鄏卜世三十卜年八百豈亦二端乎勛曰聖人輔相天地準繩陰陽恢皇綱立人極脩策迥馭長羅遠羈昭治亂於未然筭成敗於無兆固有不易之數不定之期假使庸主守之賊臣犯之終不促已成之期于未衰之運故曰周德雖衰天命未改聖人知明王賢相不可必遇聖謀睿策有時而弊故考之典禮稽之龜策即人事以申天命懸曆數以示將來或有已盛而更衰或有過筭而不及是故聖人之法所可貴也向使明王繼及良佐踵武則當億萬斯年與天無極豈止三十世八百年而已哉過筭餘年者非先王之功即桓文之力也天意人事豈徒然哉府君曰龜策不出聖謀乎勛曰聖謀定將來之基龜策告未來之事遞相表裏安有異同府君曰大哉人謨勛曰人謀所以安天下也夫天下大器也置之安地則安置之危地則危是以平路安車狂夫審乎難覆乘奔馭朽童子知其必危豈有周禮既行曆數不延乎八百秦法既立宗祧能踰乎二世噫天命人事其同歸乎府君曰先生所刻治亂興廢果

何道也朗曰文質遞用勢運相乘稽損益以驗其時百代無隱考龜筮而研其慮千載可知未之思歟夫何遠之有府君蹶然驚起因書策而藏之退而學易蓋王氏易道宗於朗焉其後宣武正始元年歲次甲申至孝文永安元年二十四歲戊申而胡后作亂爾朱榮起并州君臣相殘繼踵屠地及周齊分霸卒併於西始於甲寅終於庚子皆如其言明年辛丑歲隋高祖受禪果以恭儉定天下開皇元年安康獻公老于家謂銅川府君曰關生殆聖矣其言未來若合符契開皇四年銅川夫人經山梁履巨石而有娠既而生文中子先丙午之期者二載爾獻公筮之曰此子當之矣開皇六年丙午文中子知書矣厥聲載路九年己酉江東平高祖之政始怠仁壽四年甲子文中子謁見高祖而道不行大業之政甚於桀紂於是文中子曰不可以有爲矣遂退居汾陽續詩書論禮樂江都失守文中寢疾歎曰天將啓堯舜之運而吾不遇焉嗚呼此關先生所言皆驗也

王氏家書雜録　王福時記

太原府君諱凝字叔恬文中子亞弟也正觀初君子道亨我先君門人布在廊廟將播厥師訓施于王道遂求其書于仲父仲父以編寫未就不之出故六經之義代莫得聞仲父釋褐爲監察御史時御史大夫杜淹謂仲父曰子聖賢之弟也有異聞乎仲父曰凝忝同氣昔亡兄講道河汾亦嘗預於斯然六經之外無所聞也淹曰昔門人咸有記焉蓋薛收姚義綴而名之曰中說玆書天下之昌言也微而顯曲而當旁貫大義宏闡教源門人請問之端文中行事之迹則備矣子盍求諸家仲父曰凝以喪亂已來未遑及也退而求之得中說一百餘紙大底雜記不著篇目首卷及序則蠹絕磨滅未能詮次會仲父黜爲胡蘇令歎曰文中子之教不可不宣也日月逝矣歲不我與乃解印而歸大考六經之目而繕録焉禮論樂論各亡其五篇續詩續書各亡小序惟元經讚易具存焉得六百六十五篇勒成七十五卷分爲六部號曰王氏六經仲父謂諸子曰大哉兄之述也以言乎皇綱帝道則大明矣以言乎天地之間則無不至焉自春秋以來未有若斯之述也又謂門人曰

不可使文中之後不達于茲也乃召諸子而授焉正觀十六年余二十一歲受六經之義三年頗通大略嗚呼小子何足以知之而有志焉十九年仲父被起爲洛州録事又以中說授余曰先兄之緒言也余再拜曰中說之爲教也務約致深言寡理大其比方論語之記乎孺子奉之無使失墜夫余因而辯類分宗編爲十篇勒成十卷其門人弟子姓字本末訪諸紀諜列於外傳以備宗本焉且六經中說于以觀先君之事業建義明道垂則立訓知文中之所爲者其天乎年序寖遠朝廷事異同志淪殂帝閽攸邈文中子之教抑而未行吁可悲哉空傳子孫以爲素業云爾時正觀二十三年正月序

文政十年摹刊